秘密保持契約の実務 第2版

作成・交渉から
営業秘密／限定提供データの
最新論点まで

西村あさひ法律事務所
森本大介／石川智也／濱野敏彦 編著

Non-Disclosure Agreement

中央経済社

第2版　はしがき

　本書の初版が2016年3月に刊行され，幸いなことに大変なご好評をいただき，11回にもわたる増刷をさせていただいた。

　本書の初版が刊行されてから3年以上が経過したが，その間に，AI，IoT，クラウド・コンピューティング等の進展によりデータの重要性が益々高まり，平成30年改正不正競争防止法により「限定提供データ」が創設されたこと，営業秘密侵害罪も対象となっている日本版司法取引が平成30年6月1日に施行されたこと等に鑑み，このたび，版を改めることにした。

　第2版では，営業秘密と同様に，秘密保持契約の対象とされ得る「限定提供データ」について概説するために新たに章（第6章）を追加した。

　また，秘密保持契約の条項の解説（第2章）において，「限定提供データ」に関する記載等を追記するとともに，初版を上梓した後の裁判例・実務の動向を踏まえて契約条項の解説を追記した。

　そして，民事裁判の争点（第4章）において，初版では紹介しきれなかった手続的な側面である，書類提出命令，閲覧等制限，秘密保持命令，国際裁判管轄，準拠法について，追記した。

　さらに，刑事手続について，独立の章（第5章）を設けるとともに，営業秘密侵害罪も対象となる日本版司法取引についても記載した。

　そのほかにも，全体において，必要に応じて追記をしている。

　本書は，企業における実務担当者や企業法務に携わる弁護士等を念頭に，営業秘密の管理態勢の一環として重要な位置づけを有する秘密保持契約について，情報を開示する側と受領する側のそれぞれの立場において何を目指すべきかと

いう戦略的な視点から網羅的かつわかりやすく解説するとともに，秘密保持契約を作成する際に知っておくべき，営業秘密漏えいをめぐる民事裁判の争点・刑事手続を実務的な観点から解説したものであり，この点は第2版においても変わらない。

また，初版と同様，第2版においても，本書の執筆に際しては，執筆者が，それぞれの視点から互いの原稿に目を通し，ひとつの書籍を作成することに留意した。われわれ執筆者としては，初版を上梓した後の3年間の法律と実務の進化を踏まえて改めて秘密保持契約に関する論点はできる限り網羅し，読者の座右の書のひとつとなるに堪える有用な書籍となるよう，最善を尽くしたものである。

本書第2版が刊行に至ることができたのは，初版と同様，株式会社中央経済社実務書編集部の奥田真史氏の多大な尽力の賜物である。細部まで緻密な編集作業を行って下さった同氏に対し，ここに改めて心から御礼申し上げる。

2019年8月

森本　大介

石川　智也

濱野　敏彦

i

目　次 ━━━━━━━━━━━━●秘密保持契約の実務●

第2版　はしがき

第1章 ▎ 秘密保持契約の作成・交渉 ━━━━ *1*

① 秘密保持契約が必要となる場面 ……………………… *2*

(1) 情報を他者に開示する必要性と秘密保持契約により得られる
メリット　*2*

(2) 秘密保持契約における留意点　*4*

(3) 秘密保持契約を締結せずに情報を開示する場合の留意点　*6*

② 秘密保持契約の種類と方式 ………………………… *8*

③ 交渉スタンス ……………………………………… *10*

④ コメントの方法 …………………………………… *11*

⑤ 交渉過程の記録 …………………………………… *12*

(1) 証拠資料としての重要性　*12*

(2) 交渉過程の記録化の方法　*13*

(3) 記録の管理　*13*

⑥ 印紙の要否 ………………………………………… *15*

第2章 ▎ 秘密保持契約の条項 ━━━━━━ *17*

① 頭　書　き …………………………………………… *18*

ii ■目　次

  (1)　内　　容　*18*

  (2)　当 事 者　*19*

  (3)　契約の目的を定める際の注意点　*20*

2　秘密情報の定義……………………………………………*23*

  (1)　原則として秘密情報に含まれるもの　*23*

  (2)　秘密情報の例外　*30*

3　秘密保持義務とその例外………………………………*38*

4　目的外使用の禁止………………………………………*45*

5　秘密情報の複製…………………………………………*47*

6　秘密情報の破棄または返還……………………………*49*

  (1)　破棄または返還の時期　*50*

  (2)　破棄と返還のいずれを選択するか　*51*

  (3)　破棄証明書・返還証明書の要否　*52*

7　損害賠償…………………………………………………*53*

  (1)　賠償の範囲と免責規定　*54*

  (2)　違約金と損害賠償額の予定　*56*

8　差 止 め…………………………………………………*58*

9　有効期間…………………………………………………*60*

10　その他のシチュエーション次第で規定する可能性のある条項

  …………………………………………………………*63*

  (1)　情報管理態勢整備義務　*63*

  (2)　情報の正確性の不保証　*64*

  (3)　知的財産権の付与やライセンスに該当しない旨の規定　*66*

目　次　■　*iii*

⑷　競業禁止義務　*67*

⑸　株式譲渡契約における秘密保持義務特有の留意点　*67*

11　一般条項 ··· *70*

⑴　誠実協議条項　*70*

⑵　準　拠　法　*72*

⑶　紛争処理条項　*74*

⑷　独立契約者　*82*

⑸　費　　用　*83*

⑹　通　　知　*85*

⑺　完全合意　*88*

⑻　権利の不放棄　*90*

⑼　修正または変更　*91*

⑽　分離可能性　*92*

⑾　譲渡禁止　*94*

⑿　他の契約との抵触　*95*

⒀　言　　語　*96*

⒁　正　　本　*97*

12　末　　尾 ··· *99*

第3章　従業員との間の秘密保持契約に関する留意点 ── *101*

1　従業員との間の秘密保持契約 ································· *102*

2　就業規則に秘密保持義務を規定する場合の留意点 ·········· *103*

⑴　就業規則における秘密保持条項　*103*

⑵　秘密保持誓約書の提出条項　*104*

iv ■目 次

　　(3)　懲戒事由　*105*

　③　秘密管理規程に関する留意点 ……………………………… *107*

　　(1)　秘密管理規程の内容　*107*

　　(2)　秘密管理規程の従業員への説明　*108*

　　(3)　秘密管理方法を厳しくしすぎないこと　*109*

　　(4)　わかりやすい管理方法とすること　*109*

　④　入社・異動・退職等，場面別の秘密保持の誓約書，

　　秘密保持契約等の具体的内容 ………………………………… *111*

　　(1)　入 社 時　*111*

　　(2)　異動時，プロジェクトへの参加時等の秘密保持の誓約書，秘密保

　　　持契約等の規定内容　*114*

　　(3)　退職時の秘密保持の誓約書，秘密保持契約等の規定内容　*115*

　　(4)　中途採用者に関する留意点　*118*

　⑤　取締役と秘密保持契約 ……………………………………… *120*

第4章　| 秘密保持契約を検討する際に理解しておくべき，営業
　　　　| 秘密・限定提供データ漏えいをめぐる民事裁判の争点 　*123*

　①　契約違反に基づく請求と不正競争防止法に基づく

　　請求の相違点 ………………………………………………… *125*

　②　営業秘密管理指針 …………………………………………… *128*

　③　不正競争防止法が適用されるための営業秘密の要件 ……… *130*

　　(1)　概 　説　*130*

　　(2)　有 用 性　*131*

目　次　■　*v*

(3)　非公知性　*131*

(4)　秘密管理性　*133*

④　行為類型と不正競争防止法の法適用 …………………………… *136*

(1)　はじめに　*136*

(2)　第　4　号　*136*

(3)　第　5　号　*140*

(4)　第　6　号　*142*

(5)　第　7　号　*144*

(6)　第　8　号　*146*

(7)　第　9　号　*149*

(8)　2条1項4号〜9号についての適用除外（19条1項6号）　*150*

(9)　第　10　号　*152*

(10)　ま と め　*155*

⑤　不正競争防止法に基づく差止め（3条） ………………………… *156*

⑥　不正競争防止法における損害・損害の推定規定（5条） … *158*

(1)　はじめに　*158*

(2)　5条1項　*159*

(3)　5条2項　*160*

(4)　5条3項　*161*

⑦　立証負担の軽減規定（5条の2） ………………………………… *164*

(1)　はじめに　*164*

(2)　5条の2の内容　*164*

(3)　5条の2の新設に対する懸念　*168*

(4)　経過措置　*168*

⑧　具体的態様の明示義務（6条） ………………………………… *170*

vi ■目　次

　　(1)　6条本文　*170*

　　(2)　6条但書　*171*

⑨　書類提出命令（7条）‥‥‥‥‥‥‥‥‥‥‥‥‥‥‥‥*172*

⑩　閲覧等制限（民事訴訟法92条）‥‥‥‥‥‥‥‥‥*175*

　　(1)　はじめに　*175*

　　(2)　要件と効果　*176*

　　(3)　手　　続　*177*

⑪　秘密保持命令（10条）‥‥‥‥‥‥‥‥‥‥‥‥‥‥*179*

　　(1)　はじめに　*180*

　　(2)　要　　件　*180*

　　(3)　効　　果　*182*

　　(4)　運用の実態と秘密保持契約の活用　*183*

⑫　国際裁判管轄‥‥‥‥‥‥‥‥‥‥‥‥‥‥‥‥‥‥*184*

　　(1)　はじめに　*184*

　　(2)　被告の住所地管轄（民事訴訟法3条の2第3項）　*185*

　　(3)　財産所在地管轄（民事訴訟法3条の3第3号）　*185*

　　(4)　継続的事業活動地管轄（民事訴訟法3条の3第5号）　*186*

　　(5)　不法行為地管轄（民事訴訟法3条の3第8号）　*187*

　　(6)　併合請求における管轄（民事訴訟法3条の6）　*188*

　　(7)　応訴管轄（民事訴訟法3条の8）　*189*

　　(8)　特別事情による訴えの却下（民事訴訟法3条の9）　*190*

⑬　準　拠　法‥‥‥‥‥‥‥‥‥‥‥‥‥‥‥‥‥‥‥‥*192*

　　(1)　はじめに　*192*

　　(2)　営業秘密または限定提供データの侵害に対する通則法の適用　*192*

　　(3)　通則法17条　*193*

目　次 ■ *vii*

第5章　営業秘密漏えいに対する刑事的制裁 ──── *197*

1. 営業秘密漏えいに対する民事規制と刑事的制裁が

　　実務で問題となる場面…………………………………………… *199*

2. 営業秘密侵害罪の行為類型 …………………………………… *201*

　⑴　はじめに　*201*

　⑵　第　1　号　*201*

　⑶　第　2　号　*205*

　⑷　第　3　号　*207*

　⑸　第　4　号　*210*

　⑹　第　5　号　*212*

　⑺　第　6　号　*214*

　⑻　第　7　号　*216*

　⑼　第　8　号　*219*

　⑽　第　9　号　*222*

3. 未遂罪（21条4項）………………………………………… *224*

4. 非親告罪（21条5項）……………………………………… *226*

5. 海外保管情報の窃取（21条6項）………………………… *227*

6. 法定刑，両罰規定（21条1項・3項，22条）

　　および没収（21条10項）………………………………… *229*

　⑴　個人の場合　*229*

　⑵　法人の場合　*230*

　⑶　没収に関する手続等の特例　*231*

7. 日本版司法取引（刑事訴訟法350条の2〜15）………… *233*

viii ■目　次

- (1)　日本版司法取引の概要　*233*
- (2)　特定犯罪　*233*
- (3)　他人の刑事事件　*234*
- (4)　捜査等への協力　*234*
- (5)　協議・合意の方法　*235*
- (6)　享受できるメリット　*236*
- (7)　合意後の本人の義務　*236*
- (8)　裁判所の関与　*236*

第6章　｜　**限定提供データの保護** ——————————— *237*

① **限定提供データの創設の背景**……………………………*239*

- (1)　データの価値の高まりとAIの進展　*239*
- (2)　従来の法令によるデータ保護の限界　*241*
- (3)　不正競争防止小委員会等における検討経緯　*242*

② **限定提供データ（不正競争防止法2条7項）の定義**………*244*

- (1)　限定提供性（「業として特定の者に提供」）　*244*
- (2)　電磁的管理性（「特定の者に提供する情報として電磁的方法…により…蓄積され，及び管理されている」）　*245*
- (3)　相当蓄積性（「電磁的方法…により相当量蓄積」）　*246*
- (4)　「技術上又は営業上の情報」　*246*
- (5)　「（秘密として管理されているものを除く。）」　*247*
- (6)　「無償で公衆に利用可能となっている情報」の除外　*247*

③ **限定提供データに係る不正競争行為**……………………………*250*

- (1)　不正競争行為類型の概要　*250*

目　次　■　*ix*

⑵　第 11 号　*251*

⑶　第 12 号　*253*

⑷　第 13 号　*255*

⑸　第 14 号　*257*

⑹　第 15 号　*259*

⑺　第 16 号　*261*

⑻　限定提供データに係る不正競争行為と，営業秘密に係る不正競争
行為の比較　*263*

⑼　ま　と　め　*264*

4　限定提供データに係る不正競争行為に対する措置 ············ *266*

巻末付録 ──────────────────────── *267*

付録 1　契約の形式面の調整　*268*

付録 2　秘密保持契約書サンプル（和文）　*278*

付録 3　秘密保持契約書サンプル（英文）　*283*

第 **1** 章

秘密保持契約の
作成・交渉

1

秘密保持契約が必要となる場面

(1) 情報を他者に開示する必要性と秘密保持契約により得られるメリット

　企業活動においては，自ら保有する情報を他者に開示することが有益な場合がある。たとえば，業務提携の可能性を検討するにあたって自社の事業内容を相手方に開示するとき，共同研究を始めるにあたって自社の情報をパートナーに開示するとき，自社の事業部門の一部の売却を検討するにあたって自社の財務情報・契約書等を買い手候補者に開示するとき等，さまざまな場面が想定される。また，従業員（または従業員になろうとする者）にも，自ら保有する情報を開示して業務にあたってもらう必要がある（なお，従業員の秘密保持については，第3章にて別途説明することとし，本章では従業員以外の第三者の秘密保持を念頭において説明する）。

　このように，企業が保有する情報を他者に開示する場合に，他者が開示を受ける情報の秘密保持を約束する契約が秘密保持契約である[1]。また，秘密保持契約以外の契約の一条項として，秘密の保持を約束する旨の合意がなされることもある。情報を開示する側は，情報を受領する側に秘密保持を約束させるこ

---

(1) 個人情報保護法における個人情報取扱事業者（2条3項）には，その取り扱う個人データの安全管理のために必要かつ適切な措置を講ずべき義務が課され（20条），また，従業者や委託先に対して必要かつ適切な監督をなすべき義務が課されるため（21条，22条），営業秘密に個人情報が含まれている場合には，個人情報保護法を遵守する上でも，秘密保持契約（または秘密保持条項を含む契約）を締結しておくことが必要となる場合がある。

とによって，以下のようなメリットを得ることができる[2]。

> ① 相手方が秘密を保持し，目的外に情報を利用しないよう規律すること
> ができる。
> ② 相手方が秘密保持の約束を破った場合に，不正競争防止法により保護
> される「営業秘密」・「限定提供データ」に該当することを主張・立証で
> きなくても，秘密保持契約の違反（債務不履行）を理由に損害賠償・行
> 為の差止めを請求することができる。
> ③ 秘密保持契約が，「営業秘密」の要件である「秘密管理性」を補強す
> る材料として機能する結果として，「営業秘密」の流出・漏えいに関し
> て，不正競争防止法に基づく損害の推定規定・行為の差止めを利用でき
> る可能性や，刑事上の保護を受けられる可能性が高まる。

　1点目と2点目については，情報を受領した者は，秘密保持契約を締結しな
ければ，原則として受領した情報の利用について制限を課されない[3]。そのた
め，受領した情報をほかの第三者に開示することも，目的外に利用することも
可能である。たとえば，共同研究のために研究パートナーから研究成果を受領
したはずが，それらの研究成果を第三者に提供してしまうことや，ライバル企
業と共同で仕入れ・販売を行う旨の業務提携の可能性を検討するためにライバ
ル企業の仕入れ先・販売先に関する情報を受領したはずが，業務提携の交渉が
頓挫した後に，ライバル企業の情報を利用して有利に取引を進めてしまうこと
等が挙げられる。秘密保持契約を締結することによって初めて，開示した情報

---

(2) 秘密保持契約を締結した場合，秘密情報を開示・提供した者は，相手方が秘密保持契
　約に違反した場合に，仮に不正競争防止法による救済が得られなくても，債務不履行に
　基づく秘密保持契約上の救済を求めることができる点で，秘密保持契約には不正競争防
　止法上の営業秘密による保護を補う効果があると述べ，そのメリットを論じるものとし
　て，結城哲彦『営業秘密の管理と保護』（成文堂，2015年）129頁～131頁。
(3) ただし，金融機関は秘密保持契約の締結いかんにかかわらず顧客に対して守秘義務を
　負う。また，受領した情報に個人情報が含まれ，その開示が個人情報保護法に違反する
　場合等，情報の利用行為それ自体が不法行為となるような態様で情報を使用することは
　許されない。

の秘密保持と目的外使用の禁止を規律することができ，それらの違反があった場合に，秘密保持契約の違反（債務不履行）を理由に損害賠償・行為の差止めを請求することができるのである。

　3点目については，不正競争防止法の営業秘密侵害に基づく請求との関係で重要なメリットである。不正競争防止法の営業秘密侵害については第4章～第5章において説明するため，ここでは概要を述べるに留めるが，ある情報が「営業秘密」として認められるためには，①秘密管理性，②有用性，③非公知性の3要件を満たす必要があり（不正競争防止法2条6項），当該情報の秘密管理性が認められるために，秘密保持契約を締結していることが重要となることがある[4], [5]。そして，「営業秘密」を保持する者は，従業員，退職者または取引先等が営業秘密を第三者に不正に開示したり，第三者がそれを使用したりした場合に，不正競争防止法に基づいて，その開示・使用等に基づく損害として推定される損害を請求したり，その使用を差し止めたりすることができる（不正競争防止法5条，3条）。また，「営業秘密」を不正に取得，開示，使用した者には刑事罰が科される場合があり（不正競争防止法21条1項），「営業秘密」を保持する者は刑事上も保護されることになる。

(2) 秘密保持契約における留意点

　前記(1)にて，情報を他者に開示する必要性，および，秘密保持契約により得られるメリットを述べた。情報は，いったん相手方から第三者に開示されてしまうと，事後的に救済手段を採っても，もはや取り返しがつかない場合もあるため，秘密保持契約を締結するに際しては，できる限りリスクを低減すること

---

(4) 営業秘密管理指針において，「秘密として管理する措置には，『秘密としての表示』や『秘密保持契約等の契約上の措置』も含めて広く考えることが適当である」として，秘密保持契約が秘密管理性の判断に影響を与える旨が記載されている（6頁脚注6）。

(5) 裁判例において，秘密保持契約（秘密保持誓約書）の存在を秘密管理性を認定する積極的な要素として挙げた上で，秘密管理性を肯定したものが存在する（大阪高判平成20・7・18（平成20年（ネ）第245号），東京地判平成14・12・26（平成12年（ワ）第22457号）等）。

が望ましい。

　契約相手方から第三者へ情報が開示されてしまう場合としては，まず，契約相手方が故意に契約を無視する場合が挙げられる。もちろん，情報の開示当事者は，契約を無視した契約相手方に対して損害賠償や行為の差止めを請求する権利を有する。しかし，不正競争防止法に基づいて損害賠償・差止めを請求する場合には，その情報が営業秘密・限定提供データの要件を満たし，かつ，相手方による営業秘密・限定提供データの第三者への不正開示等の不正競争行為（不正競争防止法2条1項4号～9号，11号～16号）を立証することが必要であるが，一般的に，契約相手方が不正競争行為を行った事実を探知し，かつ，立証することは容易ではない場合が多い。そのため，契約相手方が，気づかれることはないと考え，受領した情報を不正に漏えいすることが考えられる。また，仮に，契約相手方の契約違反や不正競争行為を立証することができたとしても，契約相手方が海外の当事者である場合には，損害賠償や差止めを契約相手方の国で強制（執行）できない場合がある。情報の開示当事者としては，海外の当事者を契約相手方とする場合には，自らの権利を主張・強制しやすくする仕組みや，契約相手方による契約違反を発見しやすくする仕組みを導入することが望まれるが，そのような仕組みにも限界がある。そのため，契約相手方が故意に契約を無視するリスクをゼロにすることは不可能である。

　また，契約相手方が，故意はないものの，時間の経過とともに，担当者の人事異動等に伴う情報の引継ぎが不十分である等の理由から，受領した情報の管理が不十分になってしまい，最終的に第三者に開示してしまうというリスクも存在する。

　さらに，契約相手方以外の者が情報を不正に漏えい・使用するリスクもある。具体的には，契約相手方の従業員・退職者，契約相手方の取引先等が契約相手方の情報を不正に漏えい・使用したり，第三者が契約相手方から情報を盗んだりするリスク等が存在する。もちろんこれらのリスクは自社の従業員等にも同様に存在するが，自社の場合には，それらのリスクを踏まえて，情報管理の仕組みや情報漏えいを容易に発見するための仕組み等を設けることができる。他

方で，他者の場合には，そのような仕組みを設けるよう他者に要請しなければならない。また，仮にそのような仕組みを設けることが合意されたとしても，契約相手方がそれを実効的に運用しているかをチェックすることは容易でない。したがって，契約相手方に情報を開示した場合に契約相手方以外の者が情報を不正に漏えい・使用するリスクをゼロにすることは不可能であり，契約相手方に情報を開示することによって，情報漏えい等のリスクは高まるといわざるを得ない。

　そのため，情報の開示当事者は，万が一情報を不正に漏えい・使用された場合の損害が大きい場合には，秘密保持契約を締結しさえすれば情報を開示しても問題ないと考えるべきではなく，①情報を開示せずにビジネスの目的を達成することができる別のストラクチャーを選ぶことによって，自社以外で情報が不正に漏えい・使用されるリスクを低下させることや，②情報を開示するとしても，開示する情報の範囲を限定することによって，情報漏えい等によって生じる損害を低下させることができないか，検討すべきである。

　特に，①の点について，製造業をベースにして一例を示すと，一般論としては，(i)第三者に販売のみならず，ライセンス契約により技術移転を行う等して，生産も行わせる，(ii)第三者との間で合弁会社を設立し，その合弁会社に技術移転を行う等して，生産も行わせる，(iii)自社の完全子会社で生産する，(iv)自社で生産し，第三者には販売のみ行ってもらう，の順で，情報が不正に漏えい・使用されるリスクを低減することができると考えられる。もちろん，海外の法制・ビジネス慣行ゆえに，現地の第三者の資本を導入することが必須である等の理由から採り得ない選択肢が発生することもあるが，情報の漏えい等のリスクの高低という観点からはこのように整理される。

(3)　秘密保持契約を締結せずに情報を開示する場合の留意点

　前記(1)に記載のとおり，自社の保有する情報を他者に開示する場合には，秘密保持契約を締結する必要性が高い。しかし，たとえば，自社の資金繰りが厳

しいために限られた期間で投資を検討してもらわなければならない場合等，時間が切迫している場合には，秘密保持契約を締結せずに自社の保有する情報の開示を余儀なくされる場面もないわけではない。

　ただし，そのような場合であっても，まずは，第2章で述べるような，情報を開示する側として確保するべきポイントを中心に交渉するべきポイントを絞って交渉を行い，情報を開示する前に契約を締結することを目指すべきである。

　また，やむなく契約締結に先立って情報を開示する場合であっても，開示する情報の範囲については十分に検討をすることが重要である。具体的には，①秘密の保持が期待できる相手方か，②競合者である等の理由で取得した情報を自社またはグループ内で目的外に利用する動機を有していないかを検討した上で，秘密保持契約の締結前に開示する情報の範囲を，万が一漏えい・目的外使用されたとしても自社に重大な悪影響が生じにくい範囲に限定できないかを検討するべきである。

　さらに，情報を開示した後であったとしても，秘密保持契約の締結が可能であれば締結すべきである。当該契約においては，契約締結前に開示した情報も「秘密情報」の定義に含まれるようにする等，契約締結前に開示した情報も秘密保持・目的外使用の禁止の対象となることが契約の文面上明らかとなるようにすることを忘れてはならない。

2

秘密保持契約の種類と方式

　秘密保持契約には，契約当事者の双方が秘密保持義務を負う双務契約と，契約当事者の一方のみが秘密保持義務を負う片務契約とがある。たとえば，A会社とB会社が共同開発を行う場合において，A会社とB会社が共同開発対象製品に係る営業秘密をそれぞれ保有しており，相互に営業秘密を開示し合う場合には双務契約が締結され，A会社のみが共同開発対象製品に係る営業秘密を保有し，A会社からB会社に対して営業秘密が開示される場合には片務契約が締結されることが多い。

　また，秘密保持契約の方式としては，双務契約の場合には秘密保持契約（あるいは，秘密を保持する旨の合意が含まれた他の契約）を締結することが一般的であるのに対して，片務契約の場合には，秘密保持契約を締結する場合のほかに，秘密保持等の義務を負う者が，情報の保有者に対して誓約書・差入書を差し入れる場合（以下「誓約書・差入書方式」という）がある。

　開示当事者としては，受領当事者から受け取る情報がないのであれば，自らが何ら新たな義務を負わないようにするべく，受領当事者のみが秘密保持等の義務を負う誓約書・差入書方式のものを望むことが少なくない。また，開示当事者としては，手続を簡便に進めることを希望して誓約書・差入書方式を望むこともある。たとえば，オークション手続により事業の売却先を選定する場合で，買い手候補が複数存在するような場合には，情報の開示当事者（売り手）は，手続を簡易・迅速に進めるため，買い手候補に対して，一律に同内容の誓約書・差入書を差し入れるよう求めることもある。

　他方で，受領当事者としては，開示当事者から誓約書・差入書方式のものを

差し入れるよう求められた場合には，自らが開示当事者に対して開示する秘密情報がないかを検証し，少なくともそのような秘密情報がある場合には，自らが開示当事者に対して開示する秘密情報の秘密保持等を確保するために，開示当事者に対して，双方が秘密保持義務を負う契約書方式のものを締結するよう求めることが望ましい。また，そのような秘密情報がない場合であっても，取引に関する事実について開示当事者に秘密を保持させる必要がある場合，たとえば，当該取引を検討している事実それ自体について開示当事者に秘密を保持させる必要がある場合には，双方が秘密保持義務を負う契約書方式のものを締結するよう開示当事者に求めることが望ましい。

3

交渉スタンス

　秘密保持契約は，自らが情報を開示する側であるのか，それとも情報を受領する側であるのかによって，各条項に対するスタンスが変わり得るため，自らがどちらの立場にあるのかを強く意識することが重要である。秘密保持契約の作成・交渉にあたっては，その過程で過去に作成したサンプル等を参考にすることもあるが，その際には，当該サンプルが情報を開示する側と情報を受領する側のいずれに有利な立場で作成されたものであるのかに留意しなければならない。

　また，各当事者が，情報を開示する側であると同時に情報を受領する側でもあるという場合も少なくない。その場合には，まずは情報を開示する側の立場として自らが相手方に開示する情報を守ることに検討の主眼を置きつつも，情報を受領する側の立場として自らが相手方から受領する情報の管理について不可能を強いられることのないように留意する必要がある。

4

コメントの方法

　秘密保持契約のコメントに際しても，最近は，ワープロソフトの修正履歴を
つける機能を用いて，修正箇所がわかるようにしてコメントを行うことが一般
的である。コメントに際しては，①内容面にわたる修正，②誤記・無用な争い
を招くおそれのある表現の修正につとめ，修正理由を問われて回答できないよ
うな趣味的な修正にこだわるべきではない。なお，漢字・ひらがなの統一，括
弧の全角・半角の統一等スタイリスティックな修正については必須ではないも
のの，あまりに表記が統一されていない場合には契約書が洗練されていない印
象を受けるのも事実である。そのようなスタイリスティックな修正のチェック
ポイントは付録1にまとめたので，必要に応じて参照されたい。

　コメントに際しては，交渉の相手方に修正理由を伝えることにより，よりス
ムーズに交渉を妥結させられる可能性があるため，契約文言の修正に加え，修
正理由を注記することがある。ただし，後に当該秘密保持契約が紛争となった
場合には，このような注記を含んだ契約書のコメント版が契約当事者の意思を
推知する証拠となるおそれがあるため，注記の記載内容には十分な注意が必要
である。

5

交渉過程の記録

(1) 証拠資料としての重要性

　秘密保持契約の交渉過程の記録は，後の紛争において，重要な証拠資料となり得る。

　まず，一般的に契約に関する紛争で最初に問題となるのは，契約内容の確定である。実務的には，①「契約当事者が，どのような表示行為をしたか」を確定する事実認定（事実判断）と，②「その表示行為は，どのような意味を有するか」を判断する作業を行うこととなる[6]。

　訴訟においては，契約書が真正に成立したものと認められれば，当該契約書の作成者が当該契約書によって契約を締結したことが認められる。そして，契約内容の確定に際しては，まずはその契約書に記載されている事項が解釈の対象になる。もっとも，契約書に記載されている事項からただちに当事者の合意した内容が確定できない場合もある。その場合には，契約内容の確定に際して，契約当事者の証言のみならず，契約の交渉過程を推知させる資料から，契約における当事者の合理的な意思が認定されることになるため，交渉過程の記録は重要な証拠資料となり得る。

　次に，契約書に記載されている事項から当事者の合意した内容が確定できる場合であっても，そのまま法的効果を認めると条理に反すると思われるために，

---

(6)　加藤新太郎『民事事実認定論』（弘文堂，2014年）241頁。

当事者が合意した内容を修正せざるを得ない場合がある。たとえば，一方当事者が，錯誤に基づいて契約を締結した，または，強迫・詐欺により契約を締結したと認められる場合である。この錯誤や強迫・詐欺の有無も，契約当事者の証言のみならず，契約の交渉過程を推知させる資料から認定されることになるため，やはり交渉過程の記録は重要な証拠資料となり得る。

(2)　交渉過程の記録化の方法

　秘密保持契約の交渉は，書面上のコメントのやりとりで完結する場合もあれば，口頭でのやりとりを伴う場合もある。いずれの場合も，修正過程のドラフトそれ自体が交渉過程の記録となる。

　また，書面上のコメントのやりとりで交渉が完結する場合には，相手方から示されたドラフトに対して修正を行うとともに，修正の意図を修正箇所に注記するか，メールに記載し，それに対して相手方から了解した旨の返事をもらうことによって，両当事者の意図を記録化することが可能である。また，口頭でのやりとりを伴う場合にも，口頭でのやりとりによって合意に至った内容を修正箇所に注記するか，メールに記載し，それに対して相手方から了解した旨の返事をもらうことによって，両当事者の意図を記録化することが可能である。

　なお，秘密保持契約単体の交渉ではあまり想定されないが，M&A等企業にとって重要な取引に関する基本合意の一内容として秘密保持が合意される場合には，当事者の交渉内容について議事録を作成したり，場合によっては，その議事録の内容を双方確認した上で記名押印し，双方保存したりすることによって交渉過程を記録化することもある。

(3)　記録の管理

　まず，社内の文書管理に関する規定に従って，所定の場所に，所定の方法にて，所定の期間，保存することが肝要である。

14　■ 第1章　秘密保持契約の作成・交渉

　次に，契約締結から時間が経過した後に紛争が発生することも少なくないため，人事異動等に際しては，然るべき担当者に，交渉過程の記録も含め，関連資料を引き継いでおくべきであり，企業としてそのような仕組みを構築すべきである。

6

印紙の要否

　秘密保持契約は，秘密保持に関する内容のみを合意するのであれば，通常印紙は不要である。

　ただし，秘密保持契約において，通常の秘密保持に関する事項以外について合意する場合，たとえば，継続的取引に関する事項や，開発委託に関する事項について合意する場合には，印紙が必要となることもある[7]。この点，契約書が印紙税法上の課税対象となるか否かの判断は，印紙税法の別表一に掲げられた各類型に該当するかを，契約の内容から実質的に判断することが必要である。契約のタイトルが秘密保持契約であることを理由として，その契約書が印紙税法上の課税対象文書でなくなるわけではない。

　したがって，秘密保持契約において，通常の秘密保持に関する事項以外について合意する場合には，印紙の要否について確認する必要がある。

---

(7) 継続的取引に関する事項は印紙税法別表第一第7号の継続的取引の基本となる契約書に，開発委託に関する事項は印紙税法別表第一第2号の請負に関する契約書に，それぞれ該当する可能性がある。

第 **2** 章

秘密保持契約の条項

18 ■ 第2章　秘密保持契約の条項

1

頭 書 き

　第2章では，秘密保持契約の条項について，個別に解説を行う。

　なお，条項のサンプルには英訳を付しているものがあるが，英訳は，あくま
で日本法を前提とした和文の秘密保持契約の条項のサンプルを英訳したものに
すぎず，必ずしも各国の準拠法・実務を踏まえたものではないことに留意され
たい。

　まずは，契約の頭書きの部分について解説する。

(1)　内　容

　秘密保持契約の頭書きには，契約当事者が秘密保持に関して秘密保持契約を
締結する旨を記載する。これに加えて，業務提携や共同研究開発等，秘密保持
契約を締結する目的を記載することもできる。次の例は，頭書きに目的を記載
したものである。

【記載例2−1　頭書き】

> 株式会社●（以下「甲」という）および株式会社●（以下「乙」という）は，
> 甲乙間の●●分野における業務提携（以下「本取引」という）の可能性を
> 検討することを目的（以下「本目的」という）として，互いに開示する情
> 報の秘密保持に関して，以下のとおり秘密保持契約（以下「本契約」とい
> う）を締結する。

> This confidentiality agreement (this "Agreement") is entered into between ABC, Inc. ("ABC") and XYZ, Inc. ("XYZ") regarding the confidentiality of the information disclosed to each other for the purpose of considering the possibility of an alliance (the "Transaction") between ABC and XYZ in the area of XX (the "Purpose").

　以下では，頭書きを規定するときに留意すべき，当事者と目的の記載について若干の説明を行う。

(2) 当事者

　まず，開示当事者・受領当事者が網羅されているかどうかを確認する必要がある。

　いわゆるM&A取引のように，親会社が子会社を売却するような場合においては，開示当事者側としては，子会社からのみ情報を開示するのか，親会社からも情報を開示するのかという点を考慮して契約当事者を決定する。たとえば，親会社が子会社の売却を検討する際に，買い手候補者に対して，子会社のみならず，親会社からも情報を開示する場合には，親会社・子会社ともに秘密保持契約の主体とすることがある。もっとも，この例でも，開示当事者を親会社のみと整理し，すべて親会社経由で資料を開示するとともに，親会社の委託により子会社の役職員がインタビュー・書面質問に答えることにより，親会社のみを契約当事者とするアレンジも可能である。

　受領当事者側としては，誰が情報を受領するのかという点を考慮して契約当事者を決定する。たとえば，ある会社が，開示当事者との間の取引を行うか否かを決定するに際して，その会社の親会社も関与する場合がある。この場合には，①親会社も秘密保持契約の当事者とするか，②自社のみを秘密保持契約の当事者とし，必要な範囲で情報を親会社に開示することができるようにすると

20 ■ 第2章　秘密保持契約の条項

ともに，もし親会社が情報を漏えいした場合には自社が責任を負う旨を定める
アレンジがあり得る。開示当事者側としては，親会社が情報を漏えいした場合
に親会社に直接責任を問うことができるため，①のアレンジの方が望ましく，
反対に，受領当事者側としては，自社の取引に関して親会社が責任を問われる
リスクを低減する観点から，②のアレンジの方が望ましいと考えられる。実際
には，親会社がどの程度自社の取引に関与するか（最終決定にしか関与しないの
か，それとも検討の初期段階から親会社の役職員が関与して直接情報を受領するの
か）や，親会社を契約当事者とすることによる事務的な負担を考慮して決定さ
れることが多い。

(3)　契約の目的を定める際の注意点

　契約の目的を記載する場合には，前記の例のとおり，秘密保持契約を締結す
る場面が，これから取引を行うかどうかを検討する場面であるときは，秘密保
持契約においては「（所定の）取引に入る可能性を検討する目的」と定め，そ
の後その取引を行うことになったときに，その取引について合意した契約にお
いて，改めて秘密保持について合意する例が多い。
　もちろん，目的は必ず頭書きに記載しなければならないというものではなく，
また，目的そのものが法的な効果を有する訳ではない。もっとも，目的の記載
は，契約書中の他の条項の解釈をする際の指針として参照されることが多いこ
とから，目的を記載することに意義はあるといえる。また，目的については，
頭書き以外の他の条項の中で記載することもできる。もっとも，頭書き以外の
他の条項（たとえば，秘密情報の定義や，目的外使用の禁止を定める条項）の中で
契約の目的を記載した場合には，それらの条項が読みにくくなってしまうとい
うデメリットがある。頭書きに契約の目的を記載した場合にはそのようなデメ
リットがなく，契約書がすっきりとまとまるというメリットがあると考えられ
る。
　契約の目的を定める際の注意点は，以下の4点である。

第一に，頭書きに契約の目的を記載する場合であっても，頭書き以外の他の条項の解釈において，頭書きに記載した目的が参照され，秘密情報の定義や，目的外使用の禁止の範囲に影響する可能性があるため，そのことを念頭において目的を記載する必要がある。あまりに広く目的を定めると，受領当事者が当初の想定を超えて自由に受領した情報を使えるようになってしまうし，他方で，あまりに狭く目的を定めると，受領当事者が当初の想定の範囲内で使用したにもかかわらず，意図せず契約違反を犯してしまうことにもなりかねない。

第二に，秘密保持契約を締結することになった主な取引以外に関連する取引がある場合には，その関連取引についても契約の目的とするか否かを検討する必要がある。たとえば，ある会社の株式を譲り受けるにあたって，株式を譲り受ける前にその会社の資産の一部を第三者に切り出したりすることを株主と一緒に検討する場合には，「AによるBからのX会社株式の譲受けの可能性を検討する目的」と記載するよりは，「AによるBからのX会社株式の譲受けおよびそのために必要な取引の可能性を検討する目的」と記載する方が正確であり，望ましい[1]。

第三に，取引スキームが決まっていない場合には，想定される取引スキームが網羅されるような目的を設定する必要がないか検討する必要がある。たとえば，基本的には合併による企業の統合が予定されている場合であっても，デュー・ディリジェンスの結果によってはその他のスキームがあり得る場合には，「合併その他の両者の（全部または一部の）統合の可能性を検討する目的」といった目的を定める方が正確であり，望ましい[2]。

---

(1) 前者のように定めても，株式譲受けの可能性を検討する以上，その株式譲受けのために必要な取引について検討することも契約の目的に文言上含まれていると主張することも考えられる。しかし，契約文言を考えるときには，その文言をもって直接に契約相手方を義務づけることのみならず，後に交渉が生じた場合にその契約文言がその交渉に有利に作用するようにできないかという観点も重要である。たとえば，本文記載の例では，後に資産の切出しの有無・範囲をめぐる交渉が生じることを想定すると，資産の切出しを主張する側が資産の切出しが取引の前提であったことを主張するときには，後者のように契約の目的を記載しておく方が，自らの主張の正当性を主張しやすいように思われる。

(2) もちろん，他のスキームを受け入れるつもりがない場合には，その他のスキームの可能性は記載しないことが考えられる。この場合には，後に取引スキームの変更をめぐる

第四に，M&A取引において特有の論点であるが，友好的な統合・買収を検討している場合に，その一方が友好的な統合・買収交渉を終了して敵対的買収に切り替える可能性が否定できない場合があり得る。このような可能性がある場合には，「合併その他の両者の統合の可能性を検討する目的」と定めるのではなく，「合併その他の両者の友好的な統合の可能性を検討する目的」と定めることによって，友好的な統合・買収の検討・交渉の過程で開示を受けた情報を敵対的買収に転用すること（典型的には，買収価格の算定に利用すること）を目的外使用と位置づけることができる。筆者らはこの点について国内で具体的に争われた事例は認識していないが，このように工夫することによって，相手方が敵対的買収を行うために必要な材料を減らし，敵対的買収に踏み切ることを抑制することができる可能性があると考えられる。また，敵対的買収が開始されたとしても，特に国内では，契約に違反して敵対的買収を行っているという事実が買収者による株式の買い集めにネガティブに働くことも予想される。他方で，契約違反を立証すること，さらには，契約違反が立証できたとしても買収行為そのものを裁判所で差し止めることは容易でないと思われ，実効性がどこまであるかを判断するためには相手方の特性をよく見極める必要がある。

交渉が生じたときに，そのような秘密保持契約の記載を「他の取引スキームは想定していなかったはずである」と主張する際の根拠のひとつとして用いることができるのではないかと思われる。また，そのように主張したにもかかわらず，最終的には取引スキームの変更を受け入れざるを得なかったとしても，取引スキームの変更を受け入れる代わりに何かを獲得できる可能性があるように思われる。

2

秘密情報の定義

　秘密保持契約においては，契約で定義された秘密情報について，秘密の保持を義務づけるとともに，目的外使用を禁止することができる。したがって，秘密情報をいかに定義するかが，秘密保持契約においては重要である。

　一般に，秘密情報の定義は，原則として秘密情報に含まれるものと，その例外によって定義される。

(1)　原則として秘密情報に含まれるもの

　原則として秘密情報に含まれるものには，次の**図表2－1**の内容を規定するのが一般的である。

（図表2－1）　原則として秘密情報に含まれるもの

①　当事者が開示する情報
②　秘密保持契約の存在および内容，ならびに取引に関する協議・交渉の存在および内容

　このうち，②は，想定されている取引に関して，両当事者間で開示された情報それ自体以外に秘密としておくことを希望する場合に規定するものである。

　①の当事者が開示する情報の範囲をどのように画するかは，契約当事者が情報を開示する側なのか，情報を受領する側なのかによって考え方が異なる。以下，情報を開示する側と，情報を受領する側の双方の立場から説明する。

24　■　第2章　秘密保持契約の条項

ア　開示当事者に有利な規定

　まず，情報を開示する側にとっては，自らが開示する情報が，原則としてすべて秘密情報として秘密保持や目的外使用の禁止の対象となることが望ましい。具体的には，次のような条項を規定することを目指すことが多い。

【記載例2-2　原則として秘密情報に含まれるものの定義】

（秘密情報）

本契約において，「秘密情報」とは，一方当事者（以下「開示当事者」という）が他方当事者（以下「受領当事者」という）に対して，本目的のために，文書，口頭，電磁的記録媒体その他開示の方法および媒体を問わず，また，本契約締結の前後を問わず，開示した一切の情報，本契約の存在および内容，ならびに，本取引に関する協議・交渉の存在およびその内容をいう。

（Confidential Information）

For the purpose of this Agreement, "Confidential Information" means all information disclosed by one party ("Disclosing Party") to the other party ("Receiving Party") for the Purpose in any manner or media, whether in writing, orally or in electromagnetic form, the existence and content of this Agreement, and the existence and content of the discussion and negotiation of this Transaction.

　受領当事者としても，もともと自らが保有している秘密情報と混ざり合い（いわゆる情報のコンタミネーション），意図せずに開示当事者の情報を利用してしまうことにより結果として秘密保持契約に違反してしまうような事態（あるいは，そのような秘密保持契約違反を回避するため，自らの情報が利用できなくなってしまう事態）が想定されなければ，このような包括的な秘密情報の定義を受

け容れることができる場合もあるだろう。

　開示当事者としては，開示当事者が何を開示したか，また，秘密として管理すべき情報は何かということが当事者間で明確な場合には，記載例2－2のように，開示する情報を原則としてすべて秘密情報とすることで差し支えないが，当事者間で長期にわたって情報がやりとりされたり，開示する情報について秘密性の程度がまちまちであったりする場合には，保護の対象とされる情報の特定が不可能であるとして有効性を争われたり[3]，秘密情報の範囲が限定的に解釈されたりすることもある[4]。このようなリスクを可及的に排除する観点からは，受領当事者が接する可能性のある情報をできる限り特定し，それらを例示するとともに，開示する情報を原則としてすべて秘密情報とする建付けを検討することも考えられる。

イ　受領当事者に有利な規定①

　情報を受領する側としては，自らが受領する情報のうち，秘密情報として秘密保持や目的外使用の禁止の対象となる情報が特定されていることが望ましい場合がある。たとえば，前記のように，受領した情報と，自らがもともと保有している情報との間に情報のコンタミネーションのリスクがある場合には，両者の情報を区別して管理するために秘密情報を具体的に特定することを希望すると考えられる。また，典型的には競合他社の情報を受け取る場合など，開示を受けた情報が契約の目的外に転用可能な情報である場合には，秘密保持契約違反となるリスクを低減するために，秘密情報を具体的に特定することを希望する場合もあると考えられる。

　秘密情報を具体的に特定する方法としては，開示した情報のうち，①紙媒体については秘密である旨の明示がなされたもの，②電磁的記録媒体については

---

(3)　たとえば，東京地判平成20・11・26判時2040号126頁，大阪地判平成25・9・27（平成24年（ワ）第7562号）。
(4)　たとえば，東京地判平成29・10・25（平成28年（ワ）第7143号）では，「機密事項として指定する情報の一切」の解釈が争われ，裁判所は，退職者が秘密保持義務を負う範囲を，不正競争防止法上の営業秘密類似の要件で判断した。

パスワードが付されたもの，③口頭により提供した情報については書面などによりその内容が特定されたもののみを秘密情報とする旨を提案することがある。受領当事者からこのような提案が出てきた場合には，開示当事者は，大きく次の2点を検討する必要がある。

　第一に，このような提案に従って秘密情報として取り扱うべき情報を特定することが現実的に可能か，本来秘密情報として取り扱うべき情報が秘密情報として取り扱われなくなるおそれがないかを慎重に検討する必要がある。まず，①紙媒体における秘密である旨の表示（以下「秘表示」という）は，「厳秘」や「秘密」や「㊙」（マル秘マーク）を押印するなどの方法によって対応できることが通常ではないかと思われる。しかし，担当者が秘密である旨の表示を怠れば秘密情報ではなくなってしまうというリスクを抱えることになるとともに，目的の取引が時間的に切迫している場合や，媒体の分量が多い場合には，開示しようとする秘密情報にマル秘マークなどを付すことが容易でない場合もあり得る。また，原本にマル秘マークなどを付すことが適当でない場合には，マル秘マークなどを付す前に媒体をコピーする必要もあり，その点の作業負荷も考慮に入れて検討する必要がある。次に，②電磁的記録媒体におけるパスワードの設定も通常は対応できるのではないかと思われるが，パスワードの設定を忘れるリスクがあるほか，メールで何か情報を伝達する場合には，パスワードをかけることができないメール本文に情報を記載するのではなく，逐次添付ファイルに情報を記載してパスワードを設定するなどの工夫が必要となると考えられる。そのため，そのような作業を行うことが現実的かを検討する必要がある。最も難しいのが，③口頭により提供した情報の特定である。口頭により提供した情報を書面化して通知することが求められた場合には，書面化を怠ったり，書面化の際に記載できなかったりした情報が秘密情報として取り扱われなくなるおそれがある。また，書面化に手間が生じることによって，契約の目的の検討の進捗に悪影響が生じるおそれもある。さらに，書面化の際の書式，期限，方法を制限した場合には，それらの制限に違反した場合にも，開示当事者としては秘密情報として取り扱われることを希望していた情報が秘密情報として取

り扱われなくなってしまうおそれがある。したがって，求められた書面化のプロセスが実際に対応可能か，特に慎重に検討する必要がある。

　第二に，受領当事者の提案に従って秘密情報として取り扱うべき情報を特定することになった場合には，秘密情報を開示するプロセス・ルールを慎重に策定・確認する必要がある。具体的には，相手方に情報を開示する担当者を限定し，その他の者による情報の開示を禁止したり，相手方に情報を開示する担当者におけるマル秘マーク・パスワードの設定のプロセスを確認したり，口頭により情報を提供する場となる相手方との会議を一元的に管理したりする対応が考えられる。

ウ　受領当事者に有利な規定②

　受領当事者としては，前記イのような秘密情報の特定の方法のほかに，秘密情報の定義において「製品仕様，データ，ノウハウ，フォーミュラ，組成物，プロセス，デザイン…」と細かく対象物を列挙することを希望することもある。このような定義を用いる場合には，列挙されていない情報を開示すると，その情報は秘密保持契約の保護の対象外となってしまうため，開示当事者としては，秘密情報に含めたい情報がすべてカバーされているか慎重に検討する必要がある。なお，最後に「その他の開示した一切の情報」と記載する場合であっても，実務的には秘密情報に含めたい情報が個別の列挙事由でカバーされるように検討するのが慎重な対応といえる。

エ　受領当事者に有利な規定③

　受領当事者としては，「開示した一切の情報」のうち「不正競争防止法2条6項に定める営業秘密に該当する情報」と規定することを希望することもある。詳細は第4章で説明するが，不正競争防止法上の「営業秘密」は，「秘密として管理されている生産方法，販売方法その他の事業活動に有用な技術上又は営業上の情報であって，公然と知られていないもの」と定義され，有用性，非公知性および秘密管理性の3つの要件を満たしていなければならないため，その

28 ■ 第2章　秘密保持契約の条項

定義自体においてかなり限定がなされたものといえる。このような定義を用いる場合には，開示当事者としては，秘密情報に該当する情報が相当程度限定されること，および，開示する情報が不正競争防止法に定める営業秘密の3要件を満たさない場合には，それらの情報が第三者に漏えいしたとしても，不正競争防止法上も，秘密保持契約上も保護されなくなることを念頭におく必要がある。

オ　限定提供データの取扱い

　限定提供データについては，不正競争防止法において「秘密として管理されているもの」ではないことが要求されている（同法2条7項）ことから，限定提供データを提供する際には，秘密保持契約の下で保護の対象となる秘密情報の定義から限定提供データを除外しておかないと[5]，そのデータが「秘密として管理されているもの」に該当し，ひいては限定提供データとしての保護を失ってしまうのではないかとの懸念が聞かれることがある。

　この点については，「秘密として管理されているもの」が限定提供データの定義から除外されている趣旨が営業秘密と限定提供データの重複を避けることにあることからすれば，秘密保持義務が課されているにもかかわらず営業秘密の要件である秘密管理性が認められず，営業秘密として保護されることのないデータが，秘密情報の定義に含まれていることを理由に「秘密として管理されているもの」に該当し，限定提供データとしての保護を失うとは考えにくい。また，あるデータが営業秘密として保護されるのか，それとも秘密管理性の要件を満たさないために限定提供データとして保護されるのかの境目は必ずしも明確でないことからすれば，あるデータについて，秘密情報として秘密保持義務の対象となるものと，そうでないものを区分けして管理することも現実的でないと考えられる。

　したがって，今後の実務の集積が待たれるところではあるが，秘密保持契約

---

(5)　具体的には，「ただし，限定提供データは本条における「秘密情報」には含まれない」といった形で，秘密情報の定義から限定提供データを除外する例がある。

の下で保護の対象となる秘密情報の定義から敢えて限定提供データを除外すべきではなく，かつそのような対応を採る必要もないと解したい。

カ　その他の留意点

前記のほか，当事者が開示する情報の範囲を定める際に特に留意すべきポイントは，以下の2点である。これらのポイントは，開示当事者・受領当事者のいずれに有利な規定においても留意すべきポイントである。

第一に，秘密保持の対象となる情報には，「本目的のために」のように，目的による限定を付すことが多い。実際に問題になることが多いわけではないが，契約の文言上は，もしこの限定がなければ，秘密保持契約の締結に関与した役職員の知らないところで全く別の案件に関して当事者間で情報が授受されていた場合に，その情報にもその秘密保持契約の効力が及び得ることになる。もちろん，そのような事態が今後も含めて全く想定されない，または，開示当事者としては，具体的にはそのような情報が存在することは認識していないが，もしあるのなら今回締結する秘密保持契約でカバーしておきたいということであれば，目的による限定を付さないこともあり得る。

第二に，秘密保持契約の締結前に情報の開示が行われていた場合には，「本契約の締結の前後を問わず」という文言を加えて，秘密保持契約の締結前に開示が行われた情報についても秘密情報の定義に含める必要があると考えられる。この秘密保持契約の締結前に情報の開示が行われていた場合への対処としては，①前記のとおり，秘密情報の定義に「本契約の締結の前後を問わず」という文言を加えて対処する方法のほか，②情報を開示した時点では，調印はできていなかったものの契約書に記載されていた内容はすでに合意済みであったことを前提に，契約の締結日付を情報の開示時点まで遡らせる方法（いわゆる「バックデート」），③契約の締結日付はそのままにした上で契約の効力発生日を遡らせる方法とがあり得る。これらの方法のうちいずれの方法を採用すべきかについては，基本的にはデメリットもなく①や③の方法によって対処することができるため，①か③の方法を選択するべきであり，理論的には後に情報の開示時

点で契約内容が合意済みであったのかについて争いが生じ得る②の方法を敢え
て選択するべきではないと考えられる。また，情報の開示時点と契約書の締結
時点が離れている場合や，情報の開示後に契約書の修正のやりとりを行った事
実がある場合には，②の方法を採用するための前提である「情報を開示した時
点では，調印はできていなかったものの契約書に記載されていた内容はすでに
合意済みであった」ことがもはや前提になり得ないため，②の方法を採用する
ことはできず，①か③の方法によらなければならないものと考えられる。

(2) 秘密情報の例外

ア　通常規定される４つの例外

　秘密情報の例外については，少なくとも次の４つの内容を規定するのが一般
的である。

【記載例２－３　秘密情報の例外】

ただし，以下のいずれかに該当する情報は，秘密情報には含まれないもの
とする。
① 　開示された時点において，受領当事者がすでに了知していた情報
② 　開示された時点において，すでに公知であった情報
③ 　開示された後に受領当事者の責めに帰すべき事由によらずに公知と
なった情報
④ 　開示当事者に対して秘密保持義務を負わない正当な権限を有する第三
者から，受領当事者が秘密保持義務を負うことなく適法に取得した情報

The following information shall not constitute Confidential Information:
(i) 　any information that is already known to Receiving Party as of the
date of disclosure by Disclosing Party;

（ii） any information that is already in the public domain as of the date of disclosure by Disclosing Party;

（iii） any information that has entered the public domain through no fault of Receiving Party after disclosure by Disclosing Party; and

（iv） any information that is legally obtained by Receiving Party without being bound by any obligation of confidentiality from a third party who has a lawful right and is not bound by any obligation of confidentiality to Disclosing Party.

　以下，それぞれの例外条項について，その趣旨・文言のポイントについて説明する。

a．開示された時点において，受領当事者がすでに了知していた情報

　この例外条項は，開示された時点において受領当事者がすでに知っている情報を開示当事者から改めて受け取った場合に，その情報を秘密情報から除くためのものである。受領当事者としては，そのような情報は，開示当事者から受領するまでは自由に開示・使用することができた情報であるから，受領後もその開示・使用を制限されるべきではない。以下，条項中のそれぞれの文言について説明する。

　第一に，「開示された時点において」と，時点を明記すべきである。本条項は，受領当事者がすでに知っている情報を開示当事者から改めて受け取った場合に，その情報を秘密情報から除くためのものであるからである。

　第二に，「受領当事者が」了知していた情報である旨，主体を明記すべきである。受領当事者が開示当事者から受領する情報は，当然開示当事者が了知している情報である（開示当事者は，了知していない情報を開示することはできない）。そのため，受領当事者が了知している旨を明示せず，開示当事者が了知している情報と解釈される余地が残っていると，（実際に争いになった際にそのような

解釈がなされるかどうかはともかくとして）文言上は受領する情報はすべて秘密情報の例外として保護の対象外となるおそれが残ってしまう。

第三に，「了知」とは，実際に知っていることをいう。受領当事者が知る可能性があったかどうかや受領当事者以外の者の認識は，受領当事者が実際に知っていたことを基礎づける事情のひとつにはなり得るが，いずれも了知それ自体を直接に導くものではない。

第四に，「すでに」の文言については，「開示された時点において，受領当事者がすでに了知していた情報」という条項の代わりに，「開示された時点において，受領当事者が了知していた情報」という「すでに」を除いた条項とした場合も特段意味内容に変更が生じるわけではないため，必須とまではいえない。

b．開示された時点において，すでに公知であった情報

この例外条項は，開示された時点において受領当事者が知らなくても，すでに公知であった情報を開示当事者から受け取った場合に，その情報を秘密情報から除くためのものである。受領当事者としては，そのような情報は了知していなかったため，実際には開示された時点において開示・使用することができたわけではないが，潜在的には自由に取得し，開示・使用することができた情報であるから，受領後もその開示・使用を制限されるべきではない。また，そもそも，公知の情報は秘密情報としての要保護性が低いともいえる。以下，条項中のそれぞれの文言について説明する。なお，開示された時点において公知であり，かつ，受領当事者も了知していた場合には，双方の例外要件に該当することになる。

第一に，「開示された時点において」と，時点を明記すべきである。一般的に，開示された時点においてすでに公知であった情報はすべて秘密情報の例外とする一方で，開示された後に公知となった情報については受領当事者の責めに帰すべき事由によらずに公知となった情報のみを秘密情報の例外とするため，開示の前後を区別する必要があるからである。なお，開示された後に公知となった情報について，受領当事者の責めに帰すべき事由によらずに公知となっ

た情報のみを秘密情報の例外とするのは，受領当事者が秘密情報を漏えいして公知となった場合に受領当事者における当該情報の秘密保持・目的外使用禁止の義務が免除されるのは，不当に受領当事者を利することになるからである。

第二に，「公知」とは，一般的に知られた状態，または容易に知ることができる状態をいう[6]。受領当事者が知っていたことは，公知を基礎づける事情のひとつにはなり得るが，公知それ自体を直接に導くものではない。不正競争防止法の下での解釈論ではあるが，ある情報を知った特定の者が当該情報について事実上秘密を維持していれば，なお非公知と考えることができる場合があるといわれており[7]，受領当事者が了知していても，公知ではない場合も存在する。

第三に，「すでに」の文言については，前記 a. と同様に，「開示された時点においてすでに公知であった情報」という条項の代わりに，「開示された時点において公知であった情報」という「すでに」を除いた条項とした場合も特段意味内容に変化が生じるわけではないため，必須とまではいえない。

c．開示された後に受領当事者の責めに帰すべき事由によらずに公知となった情報

前記 b. のとおり，基本的に公知情報は受領当事者が自由に使用・開示できるはずのものであるが，受領当事者が秘密情報を漏えいして公知となった場合に受領当事者における当該情報の秘密保持・目的外使用禁止の義務が免除されるのは，不当に受領当事者を利することとなる。そのため，開示された後に，公知となった情報については，受領当事者の責めに帰すべき事由による場合を除く形で秘密情報の例外を規定する必要がある。

時点を明示しなければならないこと，「公知」の意義については前記 b. を参照されたい。

---

(6) 営業秘密管理指針17頁における「4．非公知性の考え方」参照。経済産業省ウェブサイト（http://www.meti.go.jp/policy/economy/chizai/chiteki/guideline/h31ts.pdf）。
(7) 前掲注(6)・営業秘密管理指針17頁。

d．開示当事者に対して秘密保持義務を負わない正当な権限を有する第三者から，受領当事者が秘密保持義務を負うことなく適法に取得した情報

この例外条項は，①受領当事者が開示当事者からある情報を取得した場合に，②第三者が開示当事者に対して秘密保持義務を負うことなく，適法に保有しているその情報を，秘密保持義務を課すことなくその第三者が受領当事者に開示する場合に問題となる。公知の情報は上記ｂ．またはｃ．の例外として秘密情報の定義から除外されるため，この例外が独自に意味を持つのは，第三者が保有している情報のうち，公知となっていない情報についてである。開示当事者と第三者の２人が同じ（非公知の）情報を持っていたときに，開示当事者に対して秘密保持義務を負わない第三者から秘密保持義務を課されずにその情報を受領した以上は，その情報はもはや要保護性が低く，開示・使用を制限されるべきではないと考えられる。以下，条項中のそれぞれの文言について説明する。

第一に，第三者の範囲について，「開示当事者に対して秘密保持義務を負わない」と明記すべきである。第三者が開示当事者に対して秘密保持義務を負っている情報は，開示当事者とその第三者の間で秘密情報として扱われている情報であって，開示当事者の与り知らないところでその第三者から受領当事者に開示された場合に，受領当事者が秘密情報の例外として秘密保持等を遵守しなくてよくなると，開示当事者が不当に不利益を被ることになるからである。

第二に，第三者は正当な権限を有していなければならない。これは，第三者が開示当事者から窃取するなどして取得した情報を受領当事者に開示した場合にまで受領当事者が秘密情報の例外として秘密保持等を遵守しなくてよくなると，開示当事者が不当に不利益を被ることになるからである。

第三に，受領当事者が第三者との間で秘密保持義務を負うことなく取得した情報に限られる。受領当事者が，開示当事者と第三者の双方との間で秘密保持義務を負っている情報は，三者間で依然として秘密として取り扱われている情報であり，依然として要保護性が高いからである。

第四に，受領当事者が「適法に」取得した情報に限られる。これは，受領当事者が第三者から窃取するなどして情報を取得した場合に，受領当事者が秘密

情報の例外として秘密保持等を遵守しなくてよくなるのは，受領当事者を不当に利する一方で，開示当事者が不当に不利益を被ることになるからである。

イ　その他の例外
上記の4つの例外以外に，次の例外を規定することもある。

a．受領当事者が独自の開発活動を行った結果取得した情報
受領当事者が，開示当事者から開示を受ける情報の周辺領域において独自に開発を行っている場合には，受領当事者としては，開示当事者から開示を受ける情報に基づかない自らの開発活動が制限されることを防ぐため，「受領当事者が独自の開発活動を行った結果取得した情報」という例外条項を規定することを検討すべきである。

これに対して，開示当事者としては，情報の特性や，情報に接する受領当事者の役職員の職務などを考慮の上で，受領当事者が後知恵で独自開発を行った旨を主張するリスクがないかを検討すべきである。その上で，後知恵の主張をできる限り排除するという観点からは，独自に開発した旨の立証を，人証またはそれに代わる陳述書によらない書面による立証に限定することが考えられる[8]。これにより，開発状況の立証は，日誌・議事録などの記録が必要となり，後知恵で独自開発を行った旨の主張が相対的に容易でなくなる。また，たとえば情報に接する受領当事者の役職員が，開示当事者との共同開発以外の周辺領域のプロジェクトに関与し得る場合には，「開示を受けた秘密情報に接したことのない者が独自に開発活動を行った結果取得した情報に限る」といった制限を加えることも考えられる。

b．開示当事者が同意した情報
秘密情報として取り扱わない旨を開示当事者が個別に同意することによりそ

---

[8]　一般に，法廷に提出する証拠を制限する証拠契約は有効であると解されている（秋山幹男ほか『コンメンタール民事訴訟法IV〔第2版〕』（日本評論社，2019年）51頁）。

の情報を秘密情報の定義から除くことは，秘密保持契約にその旨を規定するか否かにかかわらず可能である。そのため，開示当事者が同意した情報を秘密情報の定義から除くことを希望する場合であっても，かかる例外条項を設けることは必須ではないが，両当事者の意向を明確化しておく観点から規定されることもある。

ｃ．受領当事者の従業員の記憶に無形的に残留した情報

　受領当事者としては，従業員の記憶に無形的に残留した情報について，守秘義務の例外とすることを求めたい場合がある。従業員の頭の中で守秘義務の課されている情報とそうでない情報を完全に切り分けることは容易でなく，むしろ，その従業員が新たに生み出した情報は，それまでに得た情報が何らかの形で関係しているともいい得る。このように考えると，従業員が受領当事者から他の会社に転職して何かを開発した場合に，開示当事者が受領当事者に開示した情報が使われたものであるとして，受領当事者が開示当事者から責任を問われることがあり得るからである（後述するが，受領当事者の従業員が情報を漏えいした場合の責任は，受領当事者が開示当事者に対して直接負う旨が定められることが多い）。このような条項は，開示当事者にとっては，秘密情報が受領当事者の従業員を通じて外部に流出するリスクを高める点で不利益であり，かつ，わが国ではそれほど雇用が流動化していないために，受領当事者がこのような条項を希望する必要性も理解しにくく，開示当事者としては，受け入れがたい場合が多いのではないかと考えられる。

　この論点は，結局のところは，前記のような従業員の転職に伴う情報漏えいのリスクをいずれが取るかという交渉に尽きるのではないかと考えられる。開示当事者としては，受領当事者がこの例外にこだわるのであれば，そのようなリスクは取り得ないとして，開示する情報の内容や開示対象となる役職員の範囲について制限することによって対処することを検討することが考えられる。また，そのような制限の可能性（ひいては，秘密保持契約の目的たる取引がうまくいかなくなるおそれがあること）を示唆することによって受領当事者にこの例

外規定の導入の撤回を促すことも考えられる。さらには，最終的にこの例外条項を受け容れる場合であっても，資料やメモなどに頼らずに記憶に残っている情報に限定して，秘密情報が外部に流出するリスクを限定することが考えられる。他方で，受領当事者としては，開示当事者がこの例外を受け容れない場合に前記のような従業員の転職に伴う情報漏えいのリスクを減らす方法として，開示当事者の情報に触れる者を限定する，従業員の同業他社への転職を一定期間禁止する，退職時における守秘義務の対象となる情報の内容の確認を徹底するといった措置が考えられるが，いずれも完全とまではいえない。

ウ　立証責任の転換規定

前記アの4つの例外および前記イの1つめの独自開発の例外事由については，「受領当事者が立証できた場合」との限定が付されることがある。これは，開示当事者が受領当事者に対して秘密保持義務違反を根拠とする差止めや損害賠償を請求するときに，ある情報が秘密情報の例外事由に該当することについての立証責任が受領当事者にあることを明確にするための規定である。このような限定を付さなかった場合に，秘密情報の例外事由該当性について，受領当事者と開示当事者のいずれに主張・立証責任があるかについては，例外事由に該当することを主張する受領当事者の側が主張・立証責任を負うのが原則と考えられるが，必ずしも明確ではない。そのため，開示当事者としては，かかる限定を付し，自らが主張・立証責任を負担しないことを明確にしておくのが望ましいといえる。

3

秘密保持義務とその例外

　秘密保持義務は，秘密保持契約の中核となる規定である。

　もっとも，何ら例外のない秘密保持義務を課すことは，受領当事者に不可能を強いることになりかねない。具体的には，第一に，秘密保持契約に定める目的を遂行するために，受領当事者が自らのグループ会社およびその役職員やアドバイザー等に秘密情報を開示することが必要な場合がある。第二に，秘密保持義務を根拠に，常に法令等に基づく情報開示の要請を拒絶できるわけではないため，かかる法令等に基づく情報開示の要請があったことを秘密保持義務の例外として定めておかないと，受領当事者は，情報を開示して秘密保持契約に違反するか，情報を開示せずに法令等に違反するかの二択を迫られることになる場合がある。そこで，これらの場合を含め，秘密保持契約においては，秘密保持義務の例外として情報開示を認める事由と，開示の際の手続・条件等を定めるのが一般的である。具体的には，次のような条項を規定することが多い。

【記載例2－4　秘密保持義務とその例外】

（秘密保持）

1　受領当事者は，秘密情報について厳に秘密を保持するものとし，開示当事者の事前の書面による承諾なしに第三者に対して開示または漏えいしてはならないものとする。ただし，受領当事者は，本目的のために必要な範囲のみにおいて，受領当事者の役員および従業員，ならびに，本取引に関して受領当事者が依頼する弁護士，公認会計士，税理士その他

のアドバイザーに対して，秘密情報を開示することができるものとする。

2 受領当事者は，前項の規定に基づき秘密情報の開示を受ける第三者が法律上守秘義務を負う者でないときは，本契約に定める秘密保持義務と同等の秘密保持義務を当該第三者に課して，その義務を遵守させるものとし，かつ，当該第三者においてその義務の違反があった場合には，受領当事者による義務の違反として，開示当事者に対して直接責任を負うものとする。

3 第1項の規定にかかわらず，受領当事者は，法令または裁判所，監督官庁，金融商品取引所その他受領当事者を規制する権限を有する公的機関の裁判，規則もしくは命令に従い必要な範囲において秘密情報を公表し，または開示することができる。ただし，受領当事者は，かかる公表または開示を行った場合には，その旨を遅滞なく開示当事者に対して通知するものとする。

（Obligations of Receiving Party）

1 Receiving Party shall maintain in confidence Confidential Information and shall not disclose or divulge Confidential Information to a third party without the prior written consent of Disclosing Party, provided that Receiving Party may disclose Confidential Information to its officers and employees and attorneys, certified public accountants, licensed tax accountants and other professionals whom Receiving Party retains in connection with this Transaction to the extent necessary for the Purpose.

2 In the event that a third party to whom Confidential Information is disclosed in accordance with the preceding paragraph is not subject to confidentiality obligations by applicable law, Receiving Party shall impose on such third party confidentiality obligations equal to those set

40 ■ 第2章　秘密保持契約の条項

forth in this Agreement and ensure full compliance of the same by such third party. If any person to whom Confidential Information is disclosed breaches his or her confidentiality obligations, Receiving Party shall be directly liable to Disclosing Party as a breach of Receiving Party's obligations.

3　Receiving Party may issue a release of or disclose Confidential Information to the extent necessary to comply with any law or decision, regulation or order of a court, supervisory authority, financial instruments exchange or any other public institution authorized to regulate Receiving Party, provided that Receiving Party shall notify Disclosing Party without delay in the event that it issues a release of or discloses Confidential Information.

以下，1項・2項と3項に分けて説明する。

ア　役職員等への開示についての例外（1項・2項）

この例外については，①受領当事者の役員・職員，②受領当事者のグループ会社（親会社，子会社，関連会社）とその役員・職員，③アドバイザー（契約の種類によって，弁護士，公認会計士，税理士，コンサルタント，フィナンシャルアドバイザーなど），④その他の関係者（共同研究者，資金提供者など）のうち，秘密情報を開示する必要のある者を列挙する形で規定するのが通常である（1項）。また，これらの第三者に秘密情報を開示するにあたっては，当該開示先との間で，当事者間の秘密保持契約と同程度の内容の秘密保持契約を締結することを要請し，かつ，開示当事者との関係では，受領当事者が情報を開示した第三者における情報漏えい等の責任は，受領当事者が開示当事者に対して直接負う旨が合意されることが多い（2項）。ただし，2項の前半の点については，法律上の守秘義務が課されている第三者は，その法律上の守秘義務の方が刑事

罰を科され得る等厳格であることに鑑み，秘密保持契約の締結を要請しないことも少なくない。

前記1項の例外を検討する際に特に留意すべきポイントは，次の3点である。

第一に，グループ会社への開示に関しては，主に受領当事者側において，秘密保持契約に定める目的を遂行するために秘密情報を開示する必要のあるグループ会社の範囲はどこまでなのかを検討することが必要である。たとえば，子会社や関連会社が秘密保持契約に定める目的の取引に関与することはあるか，親会社が秘密保持契約に定める目的の取引の決定に関与することはあるかなどを具体的に検討する必要がある。その上で，秘密情報を開示する必要のあるグループ会社の範囲を適切に条項に落とし込んでいく必要がある。この点に関し，グループ会社の範囲の記載方法については，①親会社，子会社，関連会社，兄弟会社，関係会社という用語を用いて記載する例，②より厳密にそれらの会社について財務諸表等規則や会社計算規則の定義を用いて記載する例，③「契約当事者が支配し，契約当事者を支配し，契約当事者と共通に支配される会社」と記載する例（さらには，「支配」の意味を定義する例）などがある。意図したグループ会社の範囲を適切に表現するものであればいずれの定義であっても差し支えないが，「関連会社」「関係会社」「（英文の契約での）Affiliate」の文言は，双方の認識している範囲が実は合致しておらず，必ずしも意図したグループ会社の範囲を適切に表現するものではないことがあり得るため，留意が必要である。

第二に，主に受領当事者側において，法令・社内規則等に基づいてグループ会社としての管理を受けることが要請される会社においては，当該グループ管理との関係で，情報を親会社等のグループ会社に開示することがあり得るため，秘密保持契約に定める目的の遂行に加えて，当該グループ管理の遂行のためにも情報を開示することが必要となるグループ内の開示先の範囲をも検討することが必要となる。

第三に，取引に関して銀行等の資金提供者による融資を受ける場合やファンドなどがLPなどの出資者に対して開示を行う必要があるような場合，開示当

事者側においては，秘密保持契約を締結する時点において，受領当事者が主張する，秘密保持契約に定める目的を遂行するために情報を開示することが必要な者すべてを例外として認めて良いかは慎重に検討する必要がある。開示当事者としては，秘密保持契約の締結時点においては，秘密保持義務の例外として一律に一定の第三者への開示を認めることはせずに，契約締結後，都度書面による通知・承諾のプロセスを経ることを通じて，開示を認める第三者を具体的に把握する方法もあり得る。たとえば，資金提供者に情報を開示する必要がある場合であっても，当該案件についての情報管理の観点からは，当初は資金提供者への情報の開示を認めずに，案件の進捗に応じて開示を認めるというプロセスがあり得る。

イ　法令等に基づく開示についての例外（3項）

　法令等に基づく開示についての例外は，法令，裁判所，監督官庁，金融商品取引所そのほか受領当事者を規制する権限を有する公的機関の裁判，規則または命令を規定するのが一般的である。これらには，それぞれ**図表2-2**に記載のものが含まれると考えて良いのではないかと思われる。

（図表2-2）　秘密保持義務とその例外

法令	法律，政令，府令，省令，各官庁の長官や各委員会が定める規則，条例・規則その他地方公共団体が定める自治法規等
裁判所等による裁判	裁判所による判決，決定，命令
裁判所等による規則	裁判所が定める規則（民事訴訟規則，刑事訴訟規則，破産規則，家事事件手続規則等） （一部重複するが）官庁が定める府令・省令，各官庁の長官や各委員会が定める規則，受領当事者を規制する権限を有する公的機関における規則・会則，金融商品取引所の規則等
裁判所等による命令	（一部重複するが）裁判所による命令，監督官庁による処分，金融商品取引所による処分等

法令等に基づく開示についての例外を検討する際に特に留意するべきポイントは，以下の３点である。

第一に，上記のほかにも，受領当事者が保有している許認可や受領当事者が行っている業種等によっては，許認可の取得・更新等に関して行われる監督官庁の事実上の「要請」や，随時行われる監督官庁の行政指導（行政手続法２条６号）等，法令等に基づく開示として整理できるか必ずしも明確であるとはいえない場合にも秘密情報を開示しなければならないこともあり得る[9]。また，将来的に第三者から受領当事者を相手方とする訴訟が提起された場合，受領当事者としては，（裁判所からの提出命令や提出要請はないものの）訴訟を有利に進めるために証拠として秘密情報を開示したいということもあり得る。したがって，受領当事者は，これらの場合についても秘密保持義務の例外として定める必要があるか否かにつき検討しておくべきである。

第二に，法令等に基づいて開示する場合の手続としては，開示当事者の同意の取得または開示当事者に対する通知が受領当事者に義務づけられるのが一般的である。開示当事者の同意の取得を開示の要件とした場合には，受領当事者は，同意が得られない場合に，情報を開示して秘密保持契約に違反するか，情報を開示せずに法令等に違反するかの二択を迫られ得る。そのため，受領当事者としては，常に開示当事者に対して事前に同意するよう打診できるか（たとえば，監督官庁による検査等の性格上，開示当事者に対して開示する旨を連絡することができない場合もあり得る），また事前に打診できるとして，最終的に開示当事者の同意が得られずに二択を迫られたときに，受領当事者が重大な損害を被る事態に陥るおそれがないかを検討しておく必要がある。交渉の結果，開示当事者が開示当事者の同意の取得を開示の要件とすることにこだわる場合には，

---

(9) 「法令に従い」「法令に基づく」という文言から，法令の規定で提供そのものが義務づけられているわけではないものの，第三者が提供を受けることについて法令上の具体的な根拠がある場合まで含まれるかが問題となることがある。具体的には，捜査機関の行う任意捜査（刑事訴訟法197条１項）や行政機関の行う任意調査（出入国管理及び難民認定法28条１項など）がこれに該当する。なお，捜査関係事項照会（刑事訴訟法197条２項）や，弁護士会照会（弁護士法23条の２）については，一般に提供義務があると解されている。

その点は受け容れた上で，不合理に同意を留保・拒絶しない旨を追記することにより，上記の二択を迫られた場合に情報を開示しても秘密保持契約に違反しない余地を設けておくことも考えられる。

　第三に，開示当事者の同意・開示当事者への通知の時期をどうするかも検討する必要がある。事前・事後のいずれかを定める例のほか，原則として事前であるが，やむを得ない場合には事後と定める例もある。また，開示当事者への通知が認められている場合にのみ限定することもある。事後と定める場合には，「直ちに」「遅滞なく」「速やかに」といった文言が挿入されることが多い（この順番で，後者ほどより厳しくない制限になると理解されるが，特に何日といった目安があるわけではない）。受領当事者として，法令・実務に照らし，不可能を強いられることがないようにする必要がある。

4 目的外使用の禁止

　目的外使用の禁止も，秘密保持契約の中核となる条項である。条項の記載例は次のとおりである。

【記載例２－５　目的外使用の禁止】

> （目的外使用の禁止）
> 受領当事者は，開示当事者から開示された秘密情報を，本目的以外のために使用してはならないものとする。

> （Restriction on Use）
> Receiving Party shall not use Confidential Information disclosed by Disclosing Party except for the Purpose.

　まず，契約の目的を定める際の留意点は，前記[1](3)のとおりである。

　次に，目的外使用の禁止を定める趣旨であるが，不正競争防止法に定める「営業秘密」に該当しない情報については，目的外使用の禁止を定めない限り，受領当事者が，第三者に開示することなく（秘密保持義務に違反することなく），秘密保持契約に定める目的以外のために（あるいは，契約の目的自体を記載していない場合には開示当事者が想定していた範囲を超えて）受領した情報を使用することは通常妨げられないと考えられる。

　さらに，不正競争防止法に定める営業秘密に該当する情報についても，不正

の手段によらずに取得した情報を使用することは，不正の利益を得る目的，または，その保有者に損害を加える目的で使用する場合（同法2条1項7号）を除き，禁止されていない（同法2条1項4号参照）。この点，「不正の利益を得る目的」（図利目的）とは，競争関係にある事業を行う目的のみならず，広く公序良俗または信義則に反する形で不当な利益を図る目的をいう[10]が，秘密保持契約に目的外使用の禁止が規定されていない場合には，受領当事者が開示当事者の意図していた取引・プロジェクトとは別の取引・プロジェクトのために社内で秘密情報を使用したとしても，受領当事者が不正の利益を得る目的で情報を使用したと評価される可能性は低いと考えられる。また，「保有者に損害を加える目的」（加害目的）とは，営業秘密の保有者に対し，財産上の損害，信用の失墜その他の有形無形の不当な損害を加える目的をいう[11]が，同じく受領当事者が開示当事者の意図していた取引・プロジェクトとは別の取引・プロジェクトのために社内で秘密情報を使用したとしても，通常，営業秘密の保有者に対し，財産上の損害，信用の失墜その他の有形無形の不当な損害を与える目的で情報を使用したと評価される可能性は低いと考えられる。したがって，不正競争防止法に定める「営業秘密」についても，秘密保持契約上，秘密保持義務に関する条項のみを規定し，目的外使用の禁止に関する条項を規定し忘れた場合には，受領当事者が，第三者に開示することなく（秘密保持義務に違反することなく），秘密保持契約に定める目的以外のために（あるいは，契約の目的自体を記載していない場合には開示当事者が想定していた範囲を超えて）受領した情報を使用することは通常妨げられないと考えられる。

---

(10)　経済産業省知的財産政策室編『逐条解説　不正競争防止法　〔第2版〕』（商事法務，2019年）97頁。

(11)　前掲注(10)・経済産業省知的財産政策室編97頁～98頁。

5

秘密情報の複製

　秘密情報の複製が禁止・制限されていなければ，目的外使用の禁止など他の規定の違反に該当すると評価されない限り，受領当事者が秘密情報を複製することは原則として自由であると考えられる。したがって，秘密情報の複製（リバースエンジニアリングなどを含む）の禁止・制限を希望する場合には，その旨を規定しておく必要がある。条項の記載例は，次のとおりである。

【記載例2－6　秘密情報の複製】

（複製）
受領当事者は，本目的のために必要な範囲において秘密情報を複製（文書，電磁的記録媒体，光学記録媒体およびフィルムその他一切の記憶媒体への記録を含む）することができるものとする。なお，上記複製により生じた情報も，秘密情報に含まれるものとする。

（Copy）
Receiving Party may make copies (including copies in written form, electromagnetic recording media, optical recording media and other storage media) of Confidential Information to the extent necessary for the Purpose. Information arising from making the copies above shall constitute Confidential Information.

48 ■ 第2章 秘密保持契約の条項

　秘密情報の複製を認める場合であっても，開示当事者としては，少なくとも記載例のとおり，複製を秘密保持契約の目的の遂行に必要な範囲に限定するべきである。また，原則として複製は禁止するが，必要性がある場合には例外を認める余地があるという場合には，「開示当事者の書面による承諾がある場合に限り複製を認める」と規定するべきである。

　「上記複製により生じた情報も，秘密情報に含まれるものとする。」の文言については，特に意味を有しない場合と，実質的な意味を有する場合とがあり得る。前者の例としては，秘密情報が，開示されたすべての情報と定義される場合のほか，資料ベースではなく資料に記載された情報ベースで定義される場合がこれに該当する。この場合には，複製された資料に記載された情報も秘密情報そのものであり，かつ，新たに情報が生じるわけではないので，前記の文言は特に意味を有しないと思われる。他方で，後者の例としては，秘密情報が資料ベースで定義される場合がこれに該当する。この場合には，複製された資料が秘密情報といえるかどうかは，契約上必ずしも明らかでなく，前記の文言は実質的な意味を有すると思われる[12]。したがって，開示当事者としては，後者の実質的な意味を有する場合には前記の文言を入れておくべきであるということになるが，実際には両者を区別せずに前記の文言を規定しても特に不都合が生じることはないと考えられる。

---

[12]　ただし，規定されていなくても，当事者の合理的意思に照らせば，複製された資料についても秘密情報と解される場合が多いとは思われる。

6

秘密情報の破棄または返還

　開示当事者としては，受領当事者から秘密情報が漏えいすることを防ぐため，秘密保持契約の目的が達成され，または不達成が確定した場合における秘密情報の破棄または返還に関する条項を秘密保持契約に規定すべきである。条項の記載例は，次のとおりである。

【記載例２－７　秘密情報の破棄または返還】

（破棄または返還）

1　受領当事者は，本契約の有効期間中であるか，本契約終了後であるかを問わず，開示当事者からの書面による請求があった場合には，自らの選択および費用負担により，受領当事者または受領当事者より開示を受けた第三者が保持する秘密情報を速やかに返還または破棄するものとする。

2　受領当事者は，開示当事者が要請した場合には，速やかに前項に基づく受領当事者の義務が履行されたことを証明する書面を開示当事者に対して提出するものとする。

（Destruction or Return）

1　At Disclosing Party's　written request, Receiving Party shall, regardless of whether this Agreement is effective or has already been terminated, immediately return or dispose of, at its own choice and

50 ■ 第2章　秘密保持契約の条項

> cost, Confidential Information held by Receiving Party or any third
> party to whom Receiving Party disclosed Confidential Information.
> 2　At Disclosing Party's request, Receiving Party shall immediately
> issue to Disclosing Party a document certifying the performance of
> Receiving Party's obligation under the preceding paragraph.

　検討すべきポイントとしては，破棄または返還の時期，破棄と返還のいずれ
を選択するか，破棄証明書・返還証明書の要否が挙げられる。

(1)　破棄または返還の時期

　破棄または返還の時期については，契約終了時と定める例もあるが，開示当
事者としては，自らの請求によって，契約期間中であるか否かにかかわらず破
棄・返還を求めることができるように規定しておくのが望ましく，また，その
ような規定が一般的であるように思われる。契約終了時とのみ定めた場合には，
契約期間が満了する前に秘密保持契約の目的の不達成が確定した場合に秘密情
報の破棄・返還を求めることができない点で，開示当事者にとって望ましくな
い。他方で，受領当事者としては，秘密保持契約の目的の達成に向けての検討
が進んでいる中で，意図しないタイミングで開示当事者から情報の返還を求め
られては困るので，契約終了時または秘密保持契約の目的となった取引が実現
されないことが確実になった時点，というように限定することが考えられる。
もっとも，秘密保持契約の目的に向けて協同している中で，一方的に開示当事
者から情報の返還を求められることは通常は想定されないため，受領当事者と
しては，開示当事者の請求によって破棄または返還を行う旨を定めることを受
け容れても，大きな問題は生じないのが通常であるように思われる。

⑵ 破棄と返還のいずれを選択するか

　破棄と返還のいずれを選択するかについては，情報の性質，重要性，返還可能性に照らして検討すべきである。開示当事者としては，たとえば，試作品やサンプルなど，複製を作成することが想定されない情報については，返還を求める方が秘密管理の実効性があるように思われる。それに対して，複製が容易な文書を写しで交付していた場合には，それらの文書の返還を求めたとしても，複製を作成できる以上，破棄と返還のいずれを求めるかで，秘密管理の実効性にはさほど差がないように思われる。また，メールやその添付資料などのように，情報の性質上「返還」が不可能な情報も存在する。したがって，開示当事者としては，①情報の性質上返還できるものは返還させ，返還できないものは破棄するよう要請するか，②特に返還してほしいものは返還させ，それ以外は受領当事者の選択に委ねる旨を規定するのが現実的であるといえよう。これに対して，受領当事者としては，開示当事者からの破棄・返還の要請が実務上対応不可能なものではないかを検討する必要がある。たとえば，会社によっては，法令等または社内規則上，一定期間秘密情報を含んだ社内資料を継続的に保管しなければならない旨が定められていることがあり，その場合に合意に基づいて情報の破棄または返還を行うと，法令等または社内規則に違反してしまうことになる。また，秘密情報に基づいて社内資料（たとえば取締役会での説明資料や稟議書等）を作成していた場合，法令等または社内規則上，それらの社内資料について破棄または返還を行うことが実質的に不可能であることも考えられる。そのため，検討にあたっては，そのような事態が想定されるかどうかにつき留意する必要がある。

(3) 破棄証明書・返還証明書の要否

　破棄証明書・返還証明書の要否については，実務上，破棄・返還を実行した旨の破棄証明書・返還証明書の発行義務を受領当事者に課す秘密保持契約も多く見られる。もっとも，秘密保持契約の破棄・返還の規定に違反した場合と，破棄証明書・返還証明書において証明した事項が実は虚偽であった場合とでは，違約金の定め等，違反の効果を具体的に規定していない限り，法的効果に違いはないように思われる。そのため，破棄証明書・返還証明書は，受領当事者に破棄・返還を慎重に行わせるきっかけとなり，また，開示当事者においても情報の破棄・返還が完了した旨を破棄証明書・返還証明書の受領により確認し，記録化できるという事実上のメリットを有するにすぎないものといえよう。

7

損害賠償

損害賠償については，次のような損害賠償請求を行うことができる旨の条項を規定する例が多く見られる。

【記載例2－8　損害賠償】

（損害賠償）
本契約に違反した当事者は，当該違反に起因または関連して相手方が被った損害（合理的な弁護士費用を含む）を賠償するものとする。

（Damages）
Any party who breaches this Agreement shall compensate the other party for any damages, including reasonable attorney fees, incurred by the other party arising out of or in relation to the breach of this Agreement.

少なくとも，日本法が準拠法であり，紛争解決が日本で行われる場合においては，秘密保持契約違反に基づく損害賠償請求は，民法上は秘密保持契約に明記するか否かにかかわらず，債務不履行（民法415条）に基づいて行うことが可能である。そのため，損害賠償請求ができる旨を規定することは，法律上認められているデフォルトの権利を確認するものにすぎない。もっとも，賠償の範囲を民法に定めるデフォルトの状態から修正したり，損害額をあらかじめ合意

54 ■ 第2章 秘密保持契約の条項

したりすることを希望する場合には，契約に明記する必要がある。これらの点について，以下説明する。

(1) 賠償の範囲と免責規定

債務不履行に基づく損害賠償の範囲については民法416条に規定があり，①債務不履行によって通常生ずべき損害について賠償しなければならない（同条1項），②特別事情によって生じた損害であっても，当事者がその事情を予見し，または予見することができた場合には，賠償しなければならない（同条2項）とされている。後者における予見の主体と予見可能か否かの基準時について，判例・通説は，予見の主体は債務者で，基準時は不履行時と解している[13]。このように，①通常事情に基づく通常損害，②債務者が不履行時に予見可能な特別事情に基づく通常損害が，民法に定めるデフォルトの損害賠償の範囲である。この中には，逸失利益も含まれると解されており[14]，逸失利益はその内容によって①②のいずれかに位置づけられる限度で損害賠償の範囲に含まれることになると考えられる。また，弁護士費用が契約違反に基づく損害として認められるか否かは必ずしも明らかでないため，相手方にそれを負担させることを希望する場合には，弁護士費用が損害に含まれることを明記するべきである。実務上は，「損害（合理的な弁護士費用を含む）」のように，合理的な範囲で弁護士費用を請求できるようにすることが多い。

契約においては，違反に「基づく」「起因する」「起因または関連する」損害について責任を負う旨が規定されることが多い。これらの文言を比較すると，「起因または関連する」の文言の方が，文言上は前二者に比べて範囲が広いように読める。そのため，抽象的には，（情報漏えいに基づく責任を追及され得る立場の）受領当事者は「基づく」「起因する」という文言を，（情報漏えいに基づ

---

(13) 大判大正7・8・27民録24輯1658頁，我妻榮ほか『我妻・有泉コンメンタール民法—総則・物権・債権—〔第5版〕』（日本評論社，2018年）775頁～776頁。
(14) 前掲注(13)・我妻ほか774頁。

く責任を追及し得る立場の）開示当事者は「起因または関連する」という文言を規定した方が有利であるということはいい得る。もっとも，両者の文言の差が実際にどれだけ損害の範囲に差をもたらすかは明らかではない。「基づく」「起因する」と定めれば①通常事情に基づく損害に限定される（あるいは，それよりも少ない損害に限定される），「起因または関連する」と定めれば②債務者が不履行時に予見可能な特別事情に基づく損害まで認められる（あるいは，それを超える損害まで認められる）ということになるわけではない。「基づく」「起因」「起因または関連する」の内容を当事者が具体的に交渉していない限りは，民法に定めるデフォルトの損害賠償の範囲が修正されない可能性もある。

　交渉時によくあるポイントとして，逸失利益を排除したい，特別事情に基づく損害を排除したいということであれば，その旨を明記すべきであり，これらの問題を，「基づく」・「起因」・「起因または関連する」の文言のところで解決することを目指すべきではないと考えられる。また，「直接損害」「間接損害」といった用語が用いられることもあるが，これらの用語は日本法の概念に基づくものではないため，その用語それ自体が損害の範囲を明確に画するものではない点に留意が必要である。（情報漏えいに基づく責任を追及し得る立場の）開示当事者としては，なるべく広い範囲の損害賠償を確保するため，「直接損害・間接損害を問わず」といった文言を規定することはあり得る。他方で，（情報漏えいに基づく責任を追及され得る立場の）受領当事者としては，損害の範囲が不明確になるなどと主張して，かかる文言を削除することを求めていくと考えられる。

　また，（情報漏えいに基づく責任を追及され得る立場の）受領当事者としては，民法に定めるデフォルトの損害賠償の範囲の修正として，損害額について上限を定める方が有利である。ただし，上限を定めたとしても，故意に契約に違反した場合には責任の減免は信義則に反し許されないと解されている[15]点に留意が必要である。また，重過失で契約に違反した場合については争いがある

----

[15]　我妻榮『新訂債権総論』（岩波書店，1967年）101頁，潮見佳男『プラクティス民法債権総論〔第5版〕』（信山社出版，2018年）167頁～168頁。

56 ■ 第2章 秘密保持契約の条項

が⁽¹⁶⁾，同様に解する見解が有力である⁽¹⁷⁾ため，留意が必要である。

(2) 違約金と損害賠償額の予定

　秘密保持契約違反に基づいて損害賠償請求を行う場合には，不正競争防止法に基づいて損害賠償請求を行う場合と異なり，損害額の推定規定（同法5条）は存在せず，原告（通常は，開示当事者）が損害と因果関係を立証する必要がある。しかしながら，これらを立証することは必ずしも容易ではない。このような場合に備えて，損害賠償額の予定を定めることができれば，損害・因果関係を立証することなく損害賠償請求を行うことができるようになる点で，原告に有利といえる。

　損害賠償額の予定については民法420条1項に規定があり，当事者はあらかじめ損害賠償額を予定することができる。債権者は，損害賠償額の予定について合意した場合には，損害賠償はその予定額に限定されない旨の合意である旨を立証しない限り，予定額を超えた部分の損害を請求することはできないと解されている⁽¹⁸⁾。また，法律上，違約金は損害賠償額の予定と推定される（同条3項）ため，この場合にも，違約金に限定されない旨の合意である旨を立証しない限り，違約金を超えた部分の損害を請求することはできないと解されている。したがって，開示当事者としては，損害賠償額の予定または違約金を定める場合には，損害額が予定額を超えた場合にはその超えた部分についても請求できる旨を契約書に記載することを求めるべきである。

　実務的には，取引の検討の初期段階で締結する秘密保持契約の場合には，その段階で違約金や損害賠償額の予定についてまで合意に至ることはあまりないのではないかと思われる。他方で，実際に取引を行う段階で締結する秘密保持契約であって，その契約に基づいて提供する情報が企業の根幹をなす情報であ

---

(16)　奥田昌道編『注釈民法（10）債権（1）』（有斐閣，1987年）440頁〔北川善太郎執筆部分〕。

(17)　前掲注(15)・潮見167頁〜168頁，前掲注(16)・奥田編443頁。

(18)　前掲注(13)・我妻ほか783頁〜784頁。

る場合には，漏えいに対する抑止効果を高める目的で違約金や損害賠償額の予定について定めることもあり得なくはない。しかし，あらかじめ損害額を見積もることが難しい上に，秘密保持契約締結時には当事者の心理として契約違反を想定したやりとりが回避されがちということもあってか，規定される例は多くないように思われる。なお，あまりにも高額な違約金・損害賠償額の予定を定めてしまうと，暴利行為として民法90条に違反し，無効と判断されるおそれがある[19] ことに留意が必要である。

---

(19)　前掲注(13)・我妻ほか784頁。

8

差止め

　差止めは，秘密保持義務に違反して秘密情報を開示・漏えいするおそれがある場合や，目的外使用禁止義務に違反して秘密情報が使用されるおそれがある場合に，それらを差し止める効力がある。和文・日本法準拠の契約では，後述のとおり，契約上差止めに関する条項がなかったとしても，債務不履行を根拠に差止めを行うことができるとの見解が有力であるため，差止めに関する規定はそれほど多く見られるわけではないが，差止めができる旨の条項を規定する例も見られる。海外法準拠の契約を締結する場合には，その準拠法の下で差止めが認められるために契約にその根拠規定を設ける必要があるか否かを確認の上で，規定の要否を検討するのが慎重な対応であるといえる。

【記載例2−9　差止め】

> （差止め）
> 契約当事者は，相手方が，本契約に違反し，または違反するおそれがある場合には，その差止め，またはその差止めに係る仮の地位を定める仮処分を申し立てることができるものとする。

> （Injunction）
> In the event that a party breaches or is liable to breach this Agreement, either party may file a suit or a petition for provisional disposition to determine a provisional status in order to enjoin the breach.

秘密保持契約に定める秘密情報が不正競争防止法にいう「営業秘密」または「限定提供データ」に該当する場合には，不正競争防止法に基づいて差止めを請求できる場合がある。しかし，第4章において詳述するが，秘密情報が必ずしも「営業秘密」または「限定提供データ」に該当するわけではなく，「営業秘密」または「限定提供データ」に該当しない秘密情報については，債務不履行に基づいて差止めを請求することができるか否かが別途問題となる。この点については，民法上，債務不履行に基づいて差止めを請求することも可能であると解されている[20]が，損害の賠償によっては救済が困難な場合しか差止めが認められないおそれもある。そのため，秘密保持契約において差止請求の根拠規定を明記して，差止めが認められる可能性を高めておくことが有益であると考えられる。

また，仲裁により紛争解決を行う旨を合意する場合には，差止めについてもそれらの規定に従って行うことで問題ないか検討する必要がある。開示する秘密情報の重要性によっては，差止めを暫定的に即時に行うべき場合もあり得る。そのような事態が想定される場合には，裁判所に差止めを求めることができる旨を規定の上，仲裁に関する条項では裁判所に差止めを求めることを許容する規定を設けるべきであると考えられる。

---

[20] 堤龍弥「差止請求権の法的基礎」河野正憲ほか編・井上治典先生追悼論文集『民事紛争と手続理論の現在』（法律文化社，2008年）77頁。

9 有効期間

　契約の有効期間は，開示された秘密情報の保持等について期間を設けるためのものであり，秘密保持契約において必ず規定される条項である。条項の記載例は次のとおりである。

【記載例2－10　有効期間】

> （有効期間）
> 本契約の有効期間は，本契約の締結の日より3年間とする。ただし，第●条の規定は，本契約終了後も有効に存続するものとする。

> （Term）
> This Agreement shall be effective for 3 years after the execution hereof, provided that Article [ ] shall survive the expiration of this Agreement.

　まず，有効期間の始期については，通常は契約締結時が有効期間の始期になる。もっとも，契約締結前に情報を開示している場合には，それらの情報についても秘密保持契約による保護を及ぼすために，契約の有効期間の開始日を情報開示日に遡及させるか，その他の対応を行う必要がある。この点については，前記②(1)カも参照されたい。

　次に，有効期間の終期については，開示当事者は，情報が陳腐化して利用価値がなくなる程度の年数を有効期間として希望するのが通常である。もし，相

当長期にわたって陳腐化が想定されない情報であれば無期限ということも理論的にはあり得る。他方で，受領当事者は，当該情報を秘密情報として管理できる範囲で受け容れ可能な年数を検討するであろう。

有効期間の定めがある場合には，受領当事者は，当該有効期間中，継続して秘密情報の秘密保持義務を負うことになる。ただし，秘密情報の種類・内容や秘密保持義務の範囲等，他の要素との総合考慮ではあるものの，秘密保持義務をあまりに長期間設定することが合理性を欠く場合については，当該有効期間を定めた規定の効力が合理性を欠くものとして否定される場合もあり得る。

また，有効期間の定めがない場合には，秘密保持契約は，期間の定めのない契約として，当事者の一方があらかじめ合理的な期間をおいて解約の申入れを行うことにより，将来に向かって一方的に終了させることができるものと解されるおそれがあることに留意すべきである。

有期の有効期間を設ける場合には，自動更新条項を付すことも可能である。また，自動更新条項を付さない場合であっても，当事者の合意により有効期間を都度延長することも可能である。たとえば，秘密保持契約が何らかの取引の検討を行うための契約である場合には，検討の期限を双方認識する意味もあって自動更新条項が付されないことが多いように思われる一方で，秘密保持契約が今後の具体的な取引のための契約である場合には，自動更新条項が付される例が多いように思われる。

有効期間を定める場合には，有効期間が満了した後も効力を残すべき条項がないかの確認も重要である（なお，このような効力のことを余後効という）。たとえば，取引の検討段階で締結される秘密保持を主な目的とする秘密保持契約においては，返還・破棄，損害賠償・差止め，誠実協議，紛争解決といった条項は，秘密保持契約が終了した後も引き続き問題となり得るため，有効期間が満了した後も引き続き効力を有する旨を規定する必要がある。また，取引を実際に行う段階で締結される取引契約に秘密保持義務に関する条項を規定する場合には，上記の各条項に加えて秘密保持義務についても契約が終了した後も引き続き少なくとも一定の期間は有効とする必要がないか検討すべきである。具体

的には，契約が期間満了あるいは解除などによって終了した場合に，その時点で秘密情報として定義された情報が第三者に開示されると困る場合には，秘密保持義務についても契約が終了した後も少なくとも一定の期間は有効とすべきであると思われる。

10

その他のシチュエーション次第で規定する可能性のある条項

(1) 情報管理態勢整備義務

　開示当事者が受領当事者に提供する情報が特に重要な情報である場合には，受領当事者に対して情報管理態勢整備義務を課すことがある。条項の記載例は次のとおりである。

【記載例2-11　情報管理態勢整備義務】

（情報管理態勢整備義務）
各当事者は，情報管理責任者を設置した上で，相手方の秘密情報を善良な管理者の注意義務をもって管理しなければならない。

（Management of Information）
The parties shall appoint a person in charge of managing information and shall manage Confidential Information disclosed by the other party with due care.

　この点に関し，情報管理態勢整備義務を課すことによって，情報の開示・漏えいが証明できない場合に，管理態勢を整えなかったこと自体を根拠に，債務不履行に基づいて情報受領者を責任追及しやすくなるとの指摘もある。しかし

ながら，管理態勢が具体的に合意されている場合を除き，情報の開示・漏えいが証明できない場合に管理態勢の不備を主張・立証することは容易でない。また，仮に管理態勢の不備が立証できたとしても，情報の開示・漏えいが証明できない場合に，管理態勢の不備と損害との間の因果関係を立証することも容易ではない。したがって，情報管理態勢整備義務を課すことそれ自体によって，情報受領者の責任追及が容易になるわけではないように思われる。むしろ，情報管理態勢整備義務は，受領当事者から第三者に情報が開示・漏えいするリスクを事実上低減するという機能を持つものとして理解されるべきであると考えられる。

　なお，海外の当事者を相手方として契約するときには，「自己の秘密情報を保護するのと同じ水準の注意義務」での管理が求められることがある。海外の法制では，このような水準の注意義務を規定するのが一般的な場合もあり，かつ，その水準も日本でいう善管注意義務よりも低いとは限らない。しかし，日本法を準拠法とする場合にこのような水準の注意義務を置くと，無償寄託を受けた物を保管する場合の低い注意義務の水準となってしまい，適切ではないことに注意が必要である。

⑵　情報の正確性の不保証

　日本法準拠の契約では，秘密保持契約において情報の正確性の不保証まで謳われる例は多くない。他方で，日本法以外の法律を準拠法とする契約では，相手方による不実表示（Misrepresentation）の請求に対して抗弁を主張するための備えとして，あらかじめ情報の正確性の不保証が規定される例も少なくない。条項の記載例は次のとおりである。

【記載例2−12　情報の正確性の不保証】

（情報の正確性の不保証）

各当事者は，相手方に対し，自らが開示する秘密情報の正確性および完全性について何ら表明および保証を行わない。

（No Warranty）

No representations or warranties of any kind are given by either party with respect to the accuracy or completeness of Confidential Information provided.

　少なくとも，和文，日本法準拠の契約では，特段合意しない限り，開示した情報の正確性を保証したことにはならない場面が多いと考えられる。したがって，情報の正確性の不保証の規定は，情報の正確性について何も合意しない場合のデフォルトのルールを確認した規定にすぎない。開示当事者にとっては，規定それ自体がマイナスになることはなく，どちらかといえば規定した方が当事者間の権利関係が明確になるという点でメリットであると考えられるが，あまり一般的な規定ではないため，争点化することにより交渉に時間を要することとなるおそれがある点には留意が必要である。受領当事者としては，情報の正確性の不保証について規定されていたとしても，何も規定されていない場合に比べて特に不利益を受けるわけではないため，受け容れることができる場合もあると考えられる。

　ただし，情報の正確性の不保証を合意する場合であっても，受領当事者が開示当事者に情報の正確性の保証を求めたい情報があるときには，その情報を保証の対象とすることを明記するとともに，不保証の対象から除外する必要がある。たとえば，商品売買の取引に関して秘密保持契約を締結した場合に，売主としては，買主の信用状況を把握するための財務書類については情報の正確性を求めたいという場合などがあり得る。

66 ■ 第2章 秘密保持契約の条項

また，秘密保持契約が対象とする場面が何らかのデータを提供する場面である場合には，提供するデータの品質（正確性，完全性，安全性，有効性（契約目的への適合性））が問題となりやすい。たとえば，提供したデータにコンピュータウィルスが含まれていて提供先に損害を与えた場合には，不法行為に基づく損害賠償請求等が問題となり得る。このような場面では，データ提供者がデータの品質を保証するのか否かを明確に合意することが望ましいと考えられる。

(3) 知的財産権の付与やライセンスに該当しない旨の規定

日本法準拠の契約では，秘密保持契約において情報提供が知的財産権の付与やライセンスに該当しない旨が謳われる例は多くない。他方で，日本法以外の法律を準拠法とする契約では，このような条項が置かれることも少なくない。条項の記載例は次のとおりである。

【記載例2-13 ライセンスに該当しない旨の規定】

（非ライセンス）
各当事者は，本目的のために秘密情報を使用する権利を認める以外に，明示または黙示を問わず，本契約に基づいて特許権，著作権，営業秘密，ノウハウその他の秘密情報に関する権利またはライセンスを相手方に付与しない。

（No License）
Except for the right to use granted above, no right or license, either expressed or implied, under any patent, copyright, trade secret, know-how, or Confidential Information is granted hereunder.

少なくとも，和文，日本法準拠の契約では，特段合意しない限り，情報を提

供してもそれが知的財産権の付与やライセンスを許容することにはならないと考えられる。したがって，知的財産権の付与やライセンスに該当しない旨の規定は，何も合意しない場合のデフォルトのルールを確認した規定にすぎない。開示当事者にとっては，規定それ自体がマイナスになることはなく，どちらかといえば，規定した方が当事者間の権利関係が明確になるという点でメリットであると考えられるが，あまり一般的な規定ではないため，争点化することにより交渉に時間を要することとなるおそれがある点には留意が必要である。受領当事者としては，知的財産権の付与やライセンスに該当しない旨規定されていたとしても，何も規定されていない場合に比べて特に不利益を受けるわけではないため，受け容れることができる場合もあると考えられる。

　なお，本書の守備範囲ではないが，開示した情報に基づく発明等の帰属および取扱いについては，そのような事態が想定される場合には別途規定しておく必要がある。

(4)　競業禁止義務

　主に企業と従業員等との間の秘密保持契約において問題となる規定である。この点の解説については，第3章④(3)を参照されたい。

(5)　株式譲渡契約における秘密保持義務特有の留意点

　株式譲渡契約において秘密保持義務が課される場合には，以下の2つの特有な留意点がある。

ア　株式譲渡後の当該株式発行会社に関する情報の取扱い

　買主は，買収する会社の株式を売主から取得した後，当該株式発行会社（以下「対象会社」という）に関する情報を自由に利用できることを望む。もっとも，株式譲渡の検討にあたって締結していた秘密保持契約においては，対象会社に

関する情報が秘密情報として定義され，目的（対象会社の発行する株式の取得について検討する目的）外使用が禁止されているのが通常であり，この点について何ら対処しなければ，契約書上は，買主は対象会社の発行する株式を取得した後も対象会社に関する情報を自由に利用できないことになりかねない。そこで，株式譲渡契約において，株式譲渡が実行された後は買主が対象会社に関する情報を自由に利用できる旨を合意することが望ましい。

また，買主は，対象会社の発行する株式を売主から取得した後，売主が対象会社に関する情報を利用して対象会社と競合する事業を営むなどして対象会社の事業に悪影響を与えることを回避するために，売主による対象会社に関する情報の開示・利用の禁止を望む場合もある。このような場合には，株式譲渡契約において，株式譲渡が実行された後は売主による対象会社に関する情報の開示・利用を制限する必要がある。

これに対して，売主としては，対象会社に関する情報を引き続き利用する必要がある場合には，その利用目的に限って利用できるようにしておく必要がある。典型的には，決算や税務上の申告のために利用する場合が考えられる。このほか，売主としては，買主から，株式譲渡契約に定める表明保証違反を理由として補償請求がなされた場合に，対象会社に関する情報を用いて表明保証違反がなかった旨を反論できるようにしておきたい場合もあると考えられる。この点については，明示の規定がない場合であっても，①当事者の合理的意思解釈として秘密保持条項の対象とする「開示」には該当しないと考えることも十分に可能であるほか，②実際に目に触れるのが裁判官だけであれば損害の発生も考えられないため，仮に具体的に規定が置かれていなかった場合であっても正当な利用として許される余地が十分にあるとの指摘もなされている[21]。

イ　従前締結していた秘密保持契約との関係

株式譲渡契約を締結する場合には，株式譲渡の検討にあたって締結した秘密

---

[21]　藤原総一郎編著『M&Aの契約実務〔第2版〕』（中央経済社，2018年）290頁。

保持契約をそのまま継続させて，株式譲渡契約において必要な修正を施すか，その秘密保持契約は失効させた上で，新たに株式譲渡契約に秘密保持義務について規定するかを検討する必要がある。いずれの方法も利用可能であるが，当初の秘密保持契約を失効させて問題がない場合には，失効させた上で株式譲渡契約に秘密保持義務について規定する方が簡便で望ましいことが多いように思われる。

　従前の秘密保持契約を失効させる方法としては，明示的にその旨を合意する方法のほか，株式譲渡契約に「完全合意条項」（後記⑪(7)）を規定した上で秘密保持義務を定める方法があると考えられる。見方を変えると，株式譲渡契約に「完全合意条項」を規定した上で秘密保持義務を定めた場合には，従前の秘密保持契約は失効することになるため，「完全合意条項」を規定する場合には，従前の秘密保持契約を失効させて問題ないか確認することを忘れないようにする必要がある。

70 ■ 第2章 秘密保持契約の条項

11

一般条項

　以下，一般条項について，秘密保持契約の観点から解説する。この部分は，あまり詳細に検討することなく相手方のドラフトや既存のサンプルをそのまま利用しがちであるが，後に紛争になったときには，契約の解釈や紛争の解決プロセスを規律するなど重要な意味を持ち得るため，正確に理解しておくことが重要である。

　どの程度一般条項について規定するかについては，秘密保持契約の当事者に海外の当事者が含まれるか，日本法以外の法律が準拠法となるか，秘密保持契約において両者が合意している内容がどの程度詳細かによって異なり得る。具体的には，国内の当事者同士の契約は，海外の当事者を含む契約よりも簡素な一般条項で足りることが多いし，日本法が準拠法の契約は，海外の法律が準拠法の契約よりも簡素な一般条項で足りることが多い。これは，当事者が国内の当事者同士であったり，準拠法が日本法であったりする場合，民法や民事訴訟法等の法律上のデフォルトルールに従ったとしてもそれほど不都合はないことが多いためであると思われる。また，秘密保持契約において両者が合意している内容が簡素なものであるほど，簡素な一般条項で足りることが多い。

(1)　誠実協議条項

　誠実協議条項は，必須とまではいえないが，国内の当事者同士の秘密保持契約において規定することが多い。また，海外の当事者を含む契約においても，日本法準拠の場合に限らず，海外法準拠のときにも規定されることがある。

日本法の下で誠実協議条項を設ける場合には，次の記載例2－14のとおり，契約に定めのない事項と契約の解釈に関して疑義が生じた事項について誠実協議を行う旨を定めるのが一般的である。

【記載例2－14　誠実協議条項】

（誠実協議）
本契約に定めのない事項および本契約の解釈に関して疑義が生じた事項については，当事者は誠実に協議の上，信義誠実の原則に従って解決するものとする。

（Good Faith Consultation）
Any matter not stipulated in, or any question relating to the interpretation of this Agreement shall be settled on the basis of the principle of good faith by mutual consultation between the parties in good faith.

　誠実協議条項は，何か紛争が生じた場合にいきなり訴訟や仲裁を申し立てるのではなく，まずは誠実に協議する義務を課すものである。訴訟や仲裁には膨大な費用と手間が生じることがあるため，まずは協議を行うことにより解決を目指すことにも一定の意味があるといえる。

　もっとも，誠実協議義務は，誠実に協議さえすれば，紛争が生じた事項について合意に至らない場合であっても義務を果たしたことになる場合が多いと考えられる。また，誠実に協議する義務を課すことによって，法的には，それぞれの事項について協議を求めたにもかかわらず契約相手方が協議に応じなかった場合には，一見すると，協議を求めた当事者に債務不履行に基づく損害賠償請求権が発生するようにも思われる。しかしながら，ある事項について協議がなされたとしても当該事項について合意に至るとは限らないため，ある事項について合意に至らなかったことにより損害が生じるとしても，協議がなされな

かったこととその損害との間に因果関係が認められる可能性は低く，協議を求めた当事者に債務不履行に基づく損害賠償請求権が発生する可能性も低いと考えられる。したがって，誠実協議条項の効果は，契約に定めのない事項と契約の解釈に関して疑義が生じた事項について，契約を根拠に契約相手方を協議の席に着かせやすくする事実上のものにとどまる場合が多いと考えられる。

このように，誠実協議条項の効果には限界もあるため，できる限り問題となり得る事項についてはあらかじめ合意しておくとともに，契約には曖昧なところを残さないようにしておく必要がある。

(2)　準拠法

準拠法は，国内の当事者同士の秘密保持契約においては，特段海外での取引が想定されているような場合を除き，日本法以外の準拠法が想定されないため，規定されないことも多い。他方で，海外の当事者を含む契約においては，日本法以外の準拠法が問題となり得るため，準拠法について規定されることが多い。条項の記載例は，次のとおりである。

【記載例2－15　準拠法】

> （準拠法）
> 本契約の準拠法は日本法とし，日本法によって解釈される。

> （Governing Law）
> This Agreement shall be governed by and construed in accordance with the laws of Japan.

なお，海外の当事者を含む契約では，記載例の後ろに「ただし，抵触法に関するルールについてはこの限りでない。」と記載し，準拠法とする法の中から

国際私法（抵触法）に関するルールを除くことを明示するものもある。その趣旨は，準拠法として指定された国の国際私法によって，ほかの国の法律が適用されることになってしまうリスクを排除することにある。この点については，日本法の下では，通則法7条により準拠法指定ができるのは実質法（適用関係だけを定め，具体的な事案の処理は行わない国際私法の反対の概念）に限られるため，敢えて明示的に定めなくても同じであるが，外国での訴訟を予定している場合には，当該外国の国際私法では，日本の国際私法とは異なる扱いがされる可能性もあるため，念のためそのように定めておくことは無意味であるとまではいえないとの意見もある[22]。

　契約書に準拠法を記載しなかった場合には，適用される国際私法によって準拠法が決まることになる。しかしながら，紛争が発生した場合に，どの国の国際私法を適用するのか，その国際私法に基づいて何法に準拠するのかということで争うのは，コストと時間を要する。そのため，海外の当事者を含む契約においては，契約書に準拠法を規定すべきである。

　当事者が秘密保持契約に関して異なる準拠法を主張するときに，いずれの準拠法を定めるべきかについては，一般的なルール・慣行は特になく，その秘密保持契約の下での取引をどれだけ行いたいかという当事者の交渉力によって自ずと決まる場合が多いのではないかと考えられる。もっとも，秘密保持契約の観点からは，一方当事者のみが情報を開示する秘密保持契約においては，開示当事者は，自らの与り知らない法律が適用されるのであれば情報は開示しにくいため，自らの主張する準拠法を規定するよう望むことは不合理ではないと思われる。また，両当事者が情報を開示する秘密保持契約にもこの考え方を当てはめると，それぞれ，自らが開示する情報の漏えい・目的外利用が判明した場合には自らの主張する準拠法，相手方の情報の漏えい・目的外利用が判明した場合には相手方の主張する準拠法に基づくという準拠法の定めもあり得るようにも思われる。しかしながら，このような準拠法の定めは，紛争が生じた際に

---

(22)　道垣内正人『国際契約実務のための予防法学　―準拠法・裁判管轄・仲裁条項』（商事法務，2012年）100頁～101頁。

74　■　第2章　秘密保持契約の条項

検討が必要となる事項が増え，紛争が複雑になる側面は否めない。たとえば，受領当事者が開示当事者から情報漏えいの嫌疑をかけられた場合に，開示当事者から訴えられる前に受領当事者が開示当事者に対して債務不存在確認の訴えを提起した場合にもなお開示当事者の主張する準拠法に従うことになるのかは，前記のように定めていたとしても依然として争われ得るように思われる。

　なお，準拠法の合意が容易でない場合であっても，前記のように適用場面を区分けすることなく2か国の準拠法を規定するのは，将来に紛争が発生したときにいずれを適用するのかという点で争われることになり，紛争解決に役立たないため，避けるべきであると考えられる。

(3)　紛争処理条項

　紛争処理条項は，国内の当事者同士の秘密保持契約においても規定することが多い。国内の当事者同士の秘密保持契約において紛争処理条項を規定する場合には，裁判により解決することと，合意管轄の定めが置かれることが多い。他方で，海外の当事者を含む秘密保持契約においては，いかなる紛争処理機関を用いるか（裁判か，仲裁か），また，日本と日本以外の地域のいずれにおいて紛争解決を行うかが問題となり得るため，紛争処理条項を規定することが多い。

　以下，裁判，仲裁，それ以外の紛争処理の方法のうち，いかなる紛争処理の方法を選択すべきかについて述べたのち，それぞれの紛争処理の方法を選択した場合の条項の規定例について説明する。

ア　いかなる紛争処理の方法を選択すべきか

　紛争処理の方法としては，裁判または仲裁による紛争処理の方法を選択するのが一般的である。どちらの紛争処理の方法を選択するかは，**図表2−3**に記載された各紛争処理の特徴を踏まえてケースバイケースで判断する必要がある。

11 一般条項 ■ 75

（図表2−3） 裁判手続と仲裁手続の差異

	裁判手続	仲裁手続
判断者	資格ある裁判官	当事者が選任する仲裁人
審理手続	民事訴訟法に従う	当事者の合意による
公開性	原則公開	非公開
上訴	あり（三審制）	原則なし
費用	法定の申立費用等	仲裁人への報酬支払等を含む手続費用すべて
紛争処理に要する期間	比較的長期間	比較的短期間

　一般的には，国内の関係者しか関与しない場合には，前記のとおり，紛争処理に関する事項について何も規定しないか，規定するとしても，裁判による紛争処理が選ばれることが多いように思われる。

　他方で，海外の関係者が関与する場合であって，その者の所在国がニューヨーク条約（外国の仲裁判断を国内で承認し，これに基づき強制執行することを許可する要件を定めた「外国仲裁判断の承認および執行に関する条約」の通称）の加盟国である場合には，仲裁による紛争処理のメリットが大きくなる。仲裁による紛争処理の方が，外国の裁判所による紛争処理と比較して，証拠書類の翻訳等の事務負担が回避できる可能性があること，非公開での審理が期待できること等の点でメリットがあるように思われる[23]。特に，秘密保持契約との関係では，受領当事者が秘密情報を漏えいした場合に日本の裁判所で日本法に基づいて差止めが認められたとしても，それが海外の裁判所で承認されて執行できるとは限らないため，開示する情報の重要性によっては，差止めを実効化するべく，仲裁を選択した方が良い場合もあると考えられる。

　裁判または仲裁による紛争処理以外の紛争処理方法としては，調停（日本で

---

[23]　海外の企業との取引における紛争解決手段選択の視点について，森本大介＝前田葉子「米国・中国・台湾企業との国際取引契約における紛争解決手段選択の視点〔上〕」商事2014号（2013年）28頁。

は裁判所で行われるが，海外ではメディエーターと呼ばれる専門家の下で行われることがあり，内容は異なる），または，民間の紛争解決機関におけるあっせんが考えられる。ただし，筆者は，これらが秘密保持契約において紛争処理の方法として規定された例を見たことはない。

イ　条項の規定例

a．裁判による紛争処理の方法を選択する場合

　裁判による紛争処理の方法を選択する場合には，次の記載例2－16のように，裁判により紛争処理を行う旨を合意することが必要である。その際には，それに加えて，管轄を合意することが多い。

【記載例2－16　裁判による紛争処理①】

（裁判による紛争処理）
本契約に起因または関連して生じた紛争については，東京地方裁判所を第一審の専属的合意管轄裁判所として裁判により解決するものとする。

（Jurisdiction）
All disputes that may arise out of or in relation to this Agreement shall be filed to the Tokyo District Court as the court of first instance with exclusive jurisdiction.

　また，次の記載例2－17のように，裁判による紛争処理の前に誠実な協議を行うことを義務づける場合もある。

11 一般条項 ■ 77

【記載例2−17　裁判による紛争処理②】

（裁判による紛争処理）
本契約に起因または関連して生じた紛争については，当事者が誠実に協議
することによりその解決に当たるものとするが，かかる協議が調わない場
合には，東京地方裁判所を第一審の専属的合意管轄裁判所として裁判によ
り解決するものとする。

（Jurisdiction）
All disputes that may arise out of or in relation to this Agreement shall
be resolved by mutual consultation between the parties in good faith.
However, in the event that a dispute cannot be resolved through mutual
consultation, such dispute shall be filed to the Tokyo District Court as the
court of first instance with exclusive jurisdiction.

(a)　日本の手続法の下で管轄合意が判断される場合

　まず，日本法の下では，当事者は，合意によりいずれの国の裁判所に訴えを
提起することができるかについて定めることができる（民事訴訟法3条の7第
1項）。もっとも，その合意は，一定の法律関係に基づく訴えに関し，かつ，
書面でしなければ，その効力を生じないとされている（同条2項）。この点に
ついては，紛争がある契約に起因または関連して生じているかどうかにかかわ
らず米国での裁判所で解決する旨の管轄条項について，「一定の法律関係に基
づく訴え」について定められたものと認めることはできないとして無効である
旨を述べた裁判例[24]もある。
　また，本邦の裁判所に合意管轄を定める場合には，第一審の裁判所に限って，
書面または電磁的記録によって定めることができる（民事訴訟法11条）。した

---

[24]　東京地中間判平成28・2・15（平成26年（ワ）第19860号）。

78 ■ 第2章　秘密保持契約の条項

がって，合意管轄を定める場合には，その合意内容を契約書に明記するべきで
あり，その際には，それが第一審の裁判所に関するものである旨を記載するの
が正確であるといえる。合意管轄には，①専属的合意管轄といって，合意した
裁判所のみを管轄とし，民事訴訟法などの規定に基づいて導かれるその他の裁
判所の管轄を排除するものと，②付加的合意管轄といって，合意した裁判所を，
民事訴訟法などの規定に基づいて導かれるその他の裁判所の管轄に付加するも
のとがある。その合意管轄が，専属的なものであるのか付加的なものであるの
かについて合意しなかった場合には，実際に紛争になったときに，その合意が
専属的なのか付加的なのかという裁判の入口のところで争われ，紛争が長期化
する原因となり得る。したがって，いずれの趣旨であるのかは，契約書に明記
しておくべきである。通常は，専属的合意管轄を定めることが多いであろう。

　海外の当事者を相手方とする場合には，訴訟になったときに訴状の送達が効
率的に行うことができるかという点にも配慮が必要であり，場合によっては送
達受取代理人を指定する条項が置かれることもある[25]。ただし，送達受取代理
人を指定する条項の実効性は訴えを提起する国の手続法との関係で慎重な検討
が必要であり，この論点を回避する意味では，送達の問題が生じにくい仲裁の
方にメリットがあるといえる。

　なお，契約書において訴訟についてのみ管轄合意を行った場合には，調停に
ついての管轄合意があるとはいえないとの裁判例[26]があることにも注意が必
要である。

(b)　海外の手続法の下で管轄合意が判断される場合

　海外の手続法においても，基本的には当事者の管轄合意を尊重する法制であ
ることが多い。また，秘密保持契約に基づく紛争は，例外的に当事者の管轄合
意を排除するべき場合に当たる可能性が高い類型ではないため，基本的には，
海外の相手方を契約当事者とする契約の場合にも本邦の裁判所で紛争を解決す
ることを希望する場合にはその旨を，相手方が所在する外国の裁判所で紛争を

---

[25]　前掲注[22]・道垣内230頁～234頁。
[26]　大阪地決平成29・9・29判夕1448号188頁。

解決することを希望する場合にはその旨を明記しておくことにより，そのとおり合意管轄が認められるのが通常ではないかと思われる。

(c) 管轄地の決め方

どこの裁判所を管轄地とするかについては，契約当事者の所在地，代理を依頼する可能性のある弁護士の所在地，想定される証拠（特に証人）の所在地・翻訳または通訳の必要性，強制執行の対象となる財産の所在地などを総合的に考慮して決定する。国内の当事者同士の場合にはこの点が大きく争われることは少ないが，海外の当事者との間の契約ではこの点が争われることも少なくない。

準拠法と同様に，当事者が秘密保持契約に関して異なる管轄地を主張するときに，いずれの管轄地を定めるべきかについては，一般的なルール・慣行は特になく，その秘密保持契約の下での取引をどれだけ行いたいかという当事者の交渉力によって自ずと決まる場合が多いのではないかと考えられる。もっとも，秘密保持契約の観点からは，一方当事者のみが情報を開示する秘密保持契約においては，開示当事者は，自らの与り知らない裁判実務によるのであれば情報は開示しにくいため，自らの主張する管轄地を規定するよう望むことは不合理ではないと思われる。また，両当事者が情報を開示する秘密保持契約にもこの考え方を当てはめると，それぞれ，自らが開示する情報の漏えい・目的外利用が判明した場合には自らの主張する管轄地，相手方の情報の漏えい・目的外利用が判明した場合には相手方の主張する管轄地に基づくという合意管轄の定めもあり得るかもしれない。しかしながら，このような合意管轄の定めは，紛争が生じた際に検討が必要となる事項が増え，紛争が複雑になる側面は否めない。たとえば，受領当事者が開示当事者から情報漏えいの嫌疑をかけられた場合に，開示当事者から訴えられる前に受領当事者が開示当事者に対して債務不存在確認の訴えを提起した場合にもなお開示当事者の主張する管轄に訴えを提起しなければならないのかは，前記のように定めていたとしても依然として争われ得るように思われる。

b．仲裁による紛争処理を選択する場合

　裁判ではなく，仲裁による紛争処理を選択する場合には，その旨を合意し，契約書に記載するべきである。具体的には，仲裁地・仲裁機関を定め，その仲裁機関の規則を適用して仲裁により解決する旨を契約書に記載するのが通常である。条項の記載例は，次のとおりである。

【記載例2−18　仲裁による紛争処理①】

（仲裁による紛争処理）
本契約に起因または関連して生じた紛争については，●において，●の規則に従って，仲裁により最終的に解決するものとする。

（Arbitration）
All disputes that may arise out of or in relation to this Agreement shall be finally settled by arbitration in [the place of arbitration] in accordance with [the rules of arbitration].

　裁判による紛争処理と同様に，仲裁による紛争処理の前に誠実な協議を行うことを義務づけることも考えられる。

【記載例2−19　仲裁による紛争処理②】

（仲裁による紛争処理）
本契約に起因または関連して生じた紛争については，当事者が誠実に協議することによりその解決に当たるものとするが，かかる協議が調わない場合には，●において，●の規則に従って，仲裁により最終的に解決するものとする。

> （Arbitration）
> All disputes that may arise out of or in relation to this Agreement shall
> be settled by mutual consultation between the parties in good faith.
> However, in the event that a dispute cannot be resolved through mutual
> consultation, such dispute shall be finally settled by arbitration in ［the
> place of arbitration］ in accordance with ［the rules of arbitration］.

　日本では，社団法人日本商事仲裁協会の商事仲裁規則（the Commercial Arbitration Rules of the Japan Commercial Arbitration Association）に従う旨を定めるものと，国際商業会議所の仲裁規則（the Rules of Arbitration of the International Chamber of Commerce）に従う旨を定めるものとが多いが，いずれの機関で仲裁を行うかは想定される紛争の特性・規模等も踏まえて慎重な検討を行う必要があると考えられる。前者については，2019年1月1日に改正がなされるとともに，「商事仲裁規則をベースに，手続過程において当事者と仲裁人との間で『対話』を行い，かつ，定額制の仲裁報償金により，当事者の予見可能性が確保された上で，迅速な紛争解決を提供する」とされるインタラクティヴ仲裁規則が新たに導入されている[27]。

　また，どこで仲裁を行うかについては，契約当事者の所在地，代理を依頼する可能性のある弁護士の所在地，想定される証拠（特に証人）の所在地などを総合的に考慮して決定する。この点が争われる場合には，いずれの契約当事者の所在地でもない第三国のうち，仲裁による紛争処理に定評のある仲裁機関が存在する国・地域（たとえば，シンガポール，香港，ニューヨーク等）が，仲裁地として選ばれることもある。

---

[27]　社団法人日本商事仲裁協会「JCAAの仲裁制度の改革について　ビジネス界のあらゆるニーズに対応する3つの仲裁規則」2頁。

(4) 独立契約者

独立契約者の条項（Independent Contractor ClauseまたはNo Agency or Partner-ship Clauseともいわれる）は，秘密保持契約の締結により，両当事者が意図していないにもかかわらず，合弁関係，パートナーシップ，使用者・従業員の関係その他のエージェンシー関係が成立し，一方当事者が他方当事者の作為・不作為について責任を負うことになるリスクを最小化することなどを目的とする条項である。

国内の当事者同士が締結する日本法準拠の契約では，秘密保持契約の締結によりこれらの関係が成立する場面が想定されないため，この点が謳われる例はほとんどない。他方で，英米法の法域を中心とする，日本法以外の法律を準拠法とする契約では，日本法に比較して前記のような法律効果を伴うエージェンシー関係が成立しやすいため，このような条項が置かれることも少なくない。条項の記載例は次のとおりである。

【記載例2-20　独立契約者】

（独立契約者）
両当事者は，本契約が，当事者の間にジョイントベンチャー，パートナーシップ，使用者・被用者の関係その他のエージェンシー関係を発生させるものではなく，両当事者が本契約に従って独立契約者として取り扱われるものであることを確認する。

（Independent Contractor）
Nothing herein shall be construed to create a joint venture, a partnership, an employee-employer relationship or other agency relationship between the parties. The parties shall be independent contractors pursuant to this Agreement.

(5) 費 用

ア 各自の負担とする旨の定め

　次の記載例2-21のように，契約の締結および履行に要する費用については各自の負担とする旨の規定が置かれることがある。この規定は，秘密保持契約の当事者が国内の当事者同士か，海外の当事者を含むか，あるいは，日本法と海外法のいずれが準拠法であるかとは関係がなく，いずれの場合であっても規定されることがある。

【記載例2-21 費用】

（費用）
本契約において別段の定めがある場合を除き，本契約の締結および履行に要する費用については，各自が負担するものとする。

（Cost）
All costs and expenses necessary to execute and perform this Agreement shall be paid by the party incurring such costs and expenses unless otherwise provided for in this Agreement.

秘密保持契約の場合には，契約の締結および履行に要する費用として通常想定されるものは，契約の作成・交渉の際に依頼した弁護士の報酬，資料の授受に要する費用くらいではないかと思われる。少なくとも日本法を準拠法とする契約においては，それらを各自が負担することは，契約で特段合意しなくても当然に導かれる帰結であると考えられる。そのため，前記の規定は確認的な意味を有するにすぎないことが多く，開示当事者・受領当事者のいずれかにとって必須の条項とまではいえない。もっとも，相手方当事者が費用を多く負担している場合を含め，念のため規定しておくことは差し支えない。

イ　紛争が生じた場合に敗訴当事者が弁護士費用などの費用を負担する旨の定め

開示当事者としては，受領当事者が秘密保持契約に違反した場合に備えて，秘密保持契約違反に基づく紛争が生じた場合には，敗訴当事者が勝訴当事者の弁護士費用などの費用を負担する旨を規定することが考えられる。

紛争が生じた場合に敗訴当事者が弁護士費用を負担するかどうかについては，紛争を解決する国によって結論が異なり得る。たとえば，アメリカにおいては原則として当事者が各自で弁護士費用を負担するが，イギリスにおいては敗訴当事者が勝訴当事者の弁護士費用を負担することがあるといわれている。日本においては，裁判例の結論は分かれているが，必ずしも弁護士費用が契約違反に基づく損害として認められているわけではない[28]。したがって，日本を含め，敗訴当事者が勝訴当事者の弁護士費用を負担しない可能性がある国で紛争を解決する場合には，このような条項を定めておくことにも意味があるといえる。一方で，日本においては，アメリカのディスカバリー制度のように，訴訟の準備段階で多額の弁護士費用を要する手続は存在しないため，アメリカと比較すると，このような条項の必要性は高くないようにも思われる。実際に，日本の実務において，かかる条項が入っている例は多くないように思われる。

---

(28)　前掲注(13)・我妻ほか776頁。

⑪　一般条項　■　85

　なお，もし契約相手方から，紛争が生じた場合に敗訴当事者が弁護士費用などの費用を負担する旨の定めの提案があった場合には，合理的な範囲の費用に限るなどの限定を付すことを検討すべきであると考えられる。

(6)　通　知

　秘密保持契約において，次のように，通知の方法，通知の時点，および通知先について規定することがある。このような規定は，通知がなされたといえるか，それがいつなされたといえるかについて，当事者間で紛争が発生することを防止する役割がある。

【記載例2－22　通知】

（通知）
1　本契約に基づく一切の通知は，すべて書面によるものとし，次に定める通知先に，直接持参して交付するか，ファクシミリまたは書留郵便によって送付するものとする。通知は，直接持参して交付した場合にはその交付時に，ファクシミリにより送付された場合にはかかる送付の当日に，書留郵便により送付された場合には送付の2営業日後に，それぞれ相手方当事者に到達したものとみなす。
(1)　甲に対する通知
　　住所：
　　担当者：
　　ＦＡＸ：
(2)　乙に対する通知
　　住所：
　　担当者：
　　ＦＡＸ：

86 ■ 第2章 秘密保持契約の条項

> 2 各当事者は，相手方当事者に対して通知することにより，自らの通知先を変更することができる。

（Notice）

1 All notices given in accordance with this Agreement shall be in writing and shall be given by direct personal delivery, facsimile transmission or registered mail to the address of each party specified below. In the case of direct personal delivery, notice shall be deemed to have been given upon the date of delivery, in the case of facsimile transmission, notice shall be deemed to have been given upon the date of transmission, and in the case of registered mail, notice shall be deemed to have been given upon 2 business days after mailing.

(1)

Address:

Person in charge:

FAX number:

(2)

Address:

Person in charge:

FAX number:

2 Each party may amend its address specified above by notifying the other party.

　一般には，秘密保持契約は，M＆Aに関する契約や合弁契約と比較すると，通知が必要な場面は少なく，また，通知の期限を厳格に定めることも少ないため，通知に関する条項を規定する必要性がそれほど高くない。もっとも，通知が必要な場面が多く，あるいは，通知の期限を厳格に定める契約の場合には，

開示当事者および受領当事者のいずれにとっても，このような通知に関する規定がある方が望ましい。以下，通知の方法，通知の時点，および通知先について，説明する。

ア　通知の方法

民法上，通知の方法に制限はない。そのため，契約に何も規定しない場合には，書面・電磁的記録・口頭のいずれの方法による通知も有効である。本条項は，通知の存否・内容について紛争が発生することを防止するために，有効な通知を契約に規定する方法に限定する意義を有する。

通知の方法としては，書面（および電磁的記録）による通知に限定することにより，口頭による通知を排除するのが通常である。その上で，直接持参して交付する方法，書留郵便，ファクシミリ，電子メールによる方法などを規定することが考えられる。発信した事実およびその時点を後に証明することができる方法のうち，実務的に利用できる方法を選択することになる。

また，国際的な取引の場合には，通知の言語をあらかじめ特定の言語に限定する旨を合意することもある。

イ　通知の時点

民法上，通常は到達時に通知の効力が発生する（民法97条1項）。本条項は，通知の時点について紛争が発生することを防止するために，通知の時期をあらかじめ一定の時点に決める意義を有する。

直接持参して交付する方法については，交付時に相手方に到達したものとみなすことで，いずれの当事者にも不都合はないと考えられる。書留郵便，ファクシミリ，電子メールによる方法については，通知に関する規定を置く場合には，到達主義の原則を排除して，発信時，または，発信から一定の日数が経過した時点において，実際に到達したか否かにかかわらず，通知がなされたものとみなす旨の規定が置かれるのが通常である。これは，期限間近に発送した場合に，期限内に到達したか否かについての紛争が発生しないようにするためのものである。

ウ　通知先

通知に関する規定を設ける場合には，あらかじめ通知先の担当部署・担当者まで決めておくのが一般的である。

(7)　完全合意

完全合意（Entire Agreement）は，英米法に由来する条項であるが，近年は日本法準拠の契約においても規定されることは珍しくなくなってきている。条項の規定例は，次のとおりである。

【記載例２−23　完全合意】

（完全合意）

本契約は，契約の対象事項に関する当事者間の唯一かつ完全な合意を構成するものであり，書面によるか口頭によるかを問わず，かかる対象事項に関する当事者間の本契約締結以前のすべての了解，合意または表明に取って代わるものである。

（Entire Agreement）

This Agreement constitutes the sole and entire agreement of the parties with respect to the subject matter contained herein and supersedes all prior and contemporaneous understandings, agreements, representations and warranties, both written and oral, with respect to such subject matter.

ア　完全合意の由来・意義

完全合意条項を理解するには，その前提として英米法におけるParol Evidence Ruleを理解する必要がある。Parol Evidence Ruleとは，当事者間に

おいて書面により合意がなされた場合には，その書面がその合意事項に関する唯一の証拠であり，実際の合意が書面化された合意内容とは異なることを，従前の取決めや交渉経緯等書面外の証拠を用いて証明することはできないというルールである。このParol Evidence Ruleには，合意書が対象事項に関する合意をすべて表しておらず，不完全であるか，または曖昧である場合には，その合意書以外の証拠を用いることができるという例外があるため，その例外が生じないようにするのが，完全合意条項である。ただし，完全合意条項を定めたとしても，依然として，契約の文言解釈の際に交渉経緯等が考慮される可能性まで否定されるものではないと理解されている。

イ　日本法の下での完全合意に関する条項の取扱い

　日本の裁判例においては，完全合意条項についてその文言どおりの効力を認め，契約の解釈にあたっては，専ら各条項の文言のみに基づいて当事者の意思を確定しなければならないと判示するものが存在しており[29]，日本法下においても，完全合意条項の定めがある場合には，当該条項を定めた契約当事者の合理的意思その他契約条項の解釈を通じて，状況に応じた一定の効力が認められている。ただし，英米法での理解と同様に，完全合意条項を定めたとしても，依然として，契約の文言解釈の際に交渉経緯等が考慮される可能性はあると考えられる。

---

[29]　東京地判平成 7・12・13判タ938号160頁。そのほか，東京地判平成18・12・25判時1964号106頁において，完全合意条項の規定を根拠に，契約に明記されていない条項を含む契約が成立したという原告の主張が排斥されている。名古屋地判平成19・11・12金判1319号50頁においても，契約条項の解釈に際して，完全合意条項の存在が重要な考慮要素のひとつとされている。

90 ■ 第2章 秘密保持契約の条項

ウ 留意点

まず，取引に関して，契約書に規定していない当事者の暗黙の了解などが多く存在する場合には，完全合意を規定するべきではないと考えられる。

また，秘密保持契約を締結した取引に関して，当事者間で同時またはそれ以前にほかに合意がなされている場合であって，かつ，それらのほかの合意の効力を存続させたい場合には，完全合意の対象からそれらの合意を除外する必要がある点に留意が必要である。

(8) 権利の不放棄

日本法準拠の契約書に規定されることは多くないが，次のように，権利の放棄は書面によらなければならない旨，また，一定の事由の下でも権利を放棄したとはみなされない旨の規定が置かれることがある。なお，後記(9)の修正に関する条項と同じ条項において，併せて規定されることもある。

【記載例2－24 権利の不放棄】

（権利の不放棄）
本契約に基づく権利の放棄は，書面によって明示的になされるのでなければ，その効力を有しない。本契約に基づく権利の不行使またはその遅れは，当該権利の放棄を意味するものではなく，また，本契約に基づく権利の一部の行使は，その他の権利の放棄を意味するものでもない。

（No Waiver）
No waiver by either party of any of the provisions hereof shall be effective unless explicitly set forth in writing. No failure to exercise, or delay in exercising, any right arising from this Agreement shall operate or be construed as a waiver thereof; nor shall any single or partial exercise of any right, remedy, power or privilege hereunder preclude any other or further exercise thereof or the exercise of any other right.

ア　放棄の方法

日本法においては，権利の放棄の方法に制限はないため，契約に何も規定しない場合には，書面によらない方法による放棄も有効である。放棄は書面によらなければならない旨の規定は，放棄の方法を書面に限定することにより，黙示的にまたは口頭で権利を放棄したではないかとの主張を排斥し，紛争を防止する意義を有する。

なお，放棄は単独行為であり，通知がなくても成立するため，通知の方法を書面に限定しただけでは，放棄の方法を書面に限定したことにはならないことに留意が必要である。

イ　権利の不放棄

権利の不放棄について規定する場合には，ある権利について適時に行使しなかったとしてもそれを放棄したとはみなされない旨，権利の一部しか行使しなかったとしてもその他の権利を放棄したとはみなされない旨を規定する。

ただし，日本法準拠の契約書においては，このような規定を置かなくても，権利を放棄したと解釈されることになるおそれが低いため，このような規定が置かれることは多くない。また，このような規定は，法定の時効・除斥期間を排除するものでもない。

(9)　修正または変更

次のように，契約の修正または変更は書面によらなければならない旨の規定が置かれることがある。なお，前記(8)の権利の不放棄に関する条項と同じ条項において，併せて規定されることもある。

92 ■ 第2章　秘密保持契約の条項

【記載例2−25　修正または変更】

（修正または変更）

本契約のいかなる規定の修正または変更も，書面によってなされるのでなければ，その効力を有しない。

（Amendment and Modification）

No amendment or modification by either party of any of the provisions hereof shall be effective unless explicitly set forth in writing.

　少なくとも日本法の下では，契約の修正または変更の方法に制限はないため，契約に何も規定しない場合には，書面によらない方法による修正または変更も有効である。契約の修正または変更は書面によらなければならない旨の規定は，契約の修正または変更の方法を書面に限定することにより，黙示的にまたは口頭で契約を修正したではないかとの主張を排斥し，紛争を防止する意義を有する。

　日本でも，特に完全合意条項を定める場合において，契約締結時よりも後に口頭で契約内容が修正されたとの主張を排斥する目的で，このような修正または変更を書面によってなされたものに限定する意味はあると考えられる。

(10)　分離可能性

　日本法準拠の契約書に規定されることは多くないが，次のように，契約書の条項のうちの一部が無効になったり，強制執行の可能性がなくなったりした場合であっても，他の部分には影響しない旨の規定が置かれることがある。

【記載例2-26 分離可能性】

（分離可能性）
本契約のいずれかの条項が，違法，無効または執行不能である場合であっても，それらは本契約の他の条項に影響を与えるものではなく，他の条項を無効または執行不能とするものではない。

（Severability）
If any term or provision of this Agreement is invalid, illegal or unenforceable in any jurisdiction, such invalidity, illegality or unenforceability shall not affect any other term or provision of this Agreement or invalidate or render unenforceable such term or provision in any other jurisdiction.

　この条項は，英米法のSeverability Clauseに由来するものであり，日本法の下で有効か否かは必ずしも明らかではない。もっとも，日本法準拠の契約書においても，有効になる余地があるのであれば，規定しておく方が好ましい（効力が否定されるならば，それはやむを得ない）と考えて，一応規定しておくこともあるように思われる。
　ただし，前記の規定を置いた場合であっても，実際に一部無効の条項があることが判明した場合には，必ずしもその部分を排除した後の契約内容が明確であるとは限らない。そのため，実際に一部無効の条項があることが判明した場合には，改めて合意により変更後の契約内容を明確にしておくべきである。前記の条項に加えて，契約の目的を実現するべく，できる限り当初に締結した契約と等しい内容で修正後の契約を締結するよう誠実に交渉する義務を課すこともあり得るのではないかと考えられる。

94　■　第2章　秘密保持契約の条項

(11)　譲渡禁止

　準拠法の定めにかかわらず，次のように，契約の相手方の書面による同意なくして，契約上の権利義務または契約上の地位の移転はできない旨を定めることがある。

【記載例2−27　譲渡禁止】

（譲渡禁止）
両当事者は，本契約上の権利義務または本契約上の地位の全部もしくは一部を，相手方当事者の事前の書面による同意なくして，第三者に譲渡，移転その他の方法により処分してはならないものとする。

（No Assignment）
Neither party may assign or transfer any right hereunder, delegate or dispose of any obligations hereunder, or assign or transfer its position under this Agreement without the prior written consent of the other party.

ア　譲渡禁止
　民法上，権利については，種類によっては，債務者の同意なくして譲渡することが可能な場合がある（民法466条1項本文）。秘密保持契約の場合には，契約違反に基づく損害賠償請求権がこれに該当するであろう。そのため，債務者の同意なくして権利を譲渡することを禁止する必要性が高い（同条2項本文）[30]。

　　　　　　　　　　　　　
　(30)　2020年4月の改正民法施行により民法466条2項は改正され，債権譲渡禁止特約に違反する悪意者への譲渡も有効であり，ただ，債務者の弁済先固定の利益を保護するために，債権譲渡禁止特約について悪意または重過失の譲受人に対しては，債務者は，特約を対抗して履行を拒み，譲渡人への弁済等による譲渡債権の消滅を主張できるものとさ

他方で，義務の承継，契約上の地位の移転については相手方当事者の同意が必要であるため，これらを禁止する規定は，民法上のデフォルトルールを規定した確認的な意味を有するにすぎない[(31)]。しかし，義務の承継，契約上の地位の移転についても，権利と同様に，譲渡，移転その他の処分が禁止されるのが通常である。なお，英文の場合には，同じ「承継」でも，権利の承継については，「transfer」「assign」という訳語を，義務の承継については「delegate」という訳語をそれぞれ用い，書き分けているのが通常ではないかと思われる。

イ　譲渡禁止の定めの効力に関する留意点

日本法上は，民法466条2項の下で，債権譲渡禁止特約に違反した譲渡は無効であり，ただ，善意無重過失者に対する譲渡についてはこの特約を対抗できない結果，譲渡が有効となるものと解されている。

もっとも，準拠法によっては，譲渡禁止を規定しただけでは，それに違反して譲渡した場合も譲渡自体は有効であって債務不履行の問題を惹起するにすぎず，譲渡自体の効力を否定する場合には，その旨を明記しなければならないことがある。そこで，日本法以外の準拠法を選択する場合には，留意する必要がある。

(12)　他の契約との抵触

当事者間で，今締結しようとしている契約とは別に秘密保持について契約を締結している場合に，両者の内容が相互に矛盾することがあり得る。このとき，両者が矛盾しないように事前に整理できればそれが望ましいが，時間的な制約などから，そのような整理が容易でない場合もあり得る。

れる。
(31)　ただし，会社分割では，原則として相手方当事者の同意を得ることなく，その対象とされた契約を分割会社から承継会社・設立会社に移転・承継させることができ，もし譲渡禁止特約に会社分割が触れる場合には，契約相手方に解除権および損害賠償請求権が発生することとなる。

96 ■ 第2章 秘密保持契約の条項

　このような場合，開示当事者としては，今締結しようとしている契約と過去に締結した契約との間に矛盾があるときには，それらのうち最も秘密情報を保護する条項が適用される旨を規定することが考えられる。条項例は，次のとおりである。

【記載例2−28　他の契約との抵触】

（他の契約との抵触）

本契約と，当事者間で締結された他の契約における秘密保持に関する条項とが抵触する場合には，それらの条項のうち，最も秘密を保護する条項が適用されるものとする。

（Conflict）

In the event of any inconsistency between this Agreement and the confidentiality provisions of any other agreement entered into between the parties, the most protective confidentiality terms shall apply.

⒀　言　語

　秘密保持契約書を作成する際に，他の言語による訳文を用意する場合には，いずれの言語による契約書に基づいて解釈するかという紛争を排斥するために，どの言語により作成されたものが契約書の正本なのか，訳文なのかを契約上明確にすべきである。翻訳を正確に行うことは容易でない上に，仮に正確に行ったとしても，訳された法律用語が異なる準拠法の下で同一の意味を有するとは限らないからである。規定例は，次のとおりである。

【記載例２−29　言語】

> （言語）
> 本契約は，日本語で作成されたものを正文とする。本契約につき翻訳が作成される場合においても，日本語の正文のみが契約としての効力を有するものとし，翻訳は何らの効力を有しないものとする。

> （Language）
> The governing language of this Agreement shall be Japanese. If a translation hereof is made, only the Japanese original shall have the effect of a contract and such translation shall have no effect.

(14)　正　本

　正本（Counterparts）の規定は，当事者が遠隔地にいたり，当事者が３名以上いたりするなどしてひとつのサインページにサインを行うことが容易でない場合に，同一のサインページのフォームにそれぞれがサインを行い，それを持ち寄ってひとつの原本を作成するときに規定する。

　このような方法でサインを行って契約を作成したときに，正本に関する規定がなかったとしても必ずしも契約が無効になるわけではないと考えられる。しかしながら，このような方法でサインを行って契約を作成したときには，ひとつのサインページにサインがないことを理由に契約が無効であるといった主張を排斥するために，正本に関する規定を置くことが望ましい。条項の規定例は，次のとおりである。

98 ■ 第2章　秘密保持契約の条項

【記載例2-30　正本】

（正本）

本契約は2つの正本により締結することができるが，それらはともにひとつの，かつ，同一の契約であるものとみなされる。

（Counterparts）

This Agreement may be executed in two counterparts, both of which together shall be deemed to be one and the same instrument.

12 末　尾

　秘密保持契約の末尾は，通常，次の記載例2-31のような内容となる。

　契約書にあらかじめ氏名を記載するのではなく，手書きで氏名を記載する場合には，「記名」ではなく，「署名」となる。「捺印」「押印」については，慣例的に「署名捺印」「記名押印」とする例が多い。

　日付については，和文の契約では，「令和●年●月●日」と記載する例と個別にサイン日を記載する例が多いように思われるが，いずれでも差し支えない。英文の契約では，「IN WITNESS WHEREOF」で始まる文章の中に「as of the date set forth above」と記載する例と個別にサイン日を記載する例が多いように思われるが，いずれでも差し支えない。

100 ■ 第2章 秘密保持契約の条項

【記載例2-31 契約書末尾】

以上を証するため，本契約書2通を作成し，各当事者が記名押印の上，各
1通を保有する。

令和●年●月●日

　　　　　　　　　　　　　　　　　　甲：住所
　　　　　　　　　　　　　　　　　　　　肩書き
　　　　　　　　　　　　　　　　　　　　氏名

　　　　　　　　　　　　　　　　　　乙：住所
　　　　　　　　　　　　　　　　　　　　肩書き
　　　　　　　　　　　　　　　　　　　　氏名

IN WITNESS WHEREOF, both parties have executed this Agreement in
duplicate as of the date set forth above and have each retained one copy.

ABC: ABC, Inc.

By: [Signer's name]

Title:

XYZ: XYZ, Inc.

By: [Signer's name]

Title:

第 **3** 章

従業員との間の秘密保持契約
に関する留意点

1

従業員との間の秘密保持契約

　労働者は，労働契約の存続中は，その付随義務の一種として，使用者の営業上の秘密を保持すべき義務を負っている[1], [2]。

　そのため，企業は，別途，従業員との間で秘密保持契約を締結する必要性がないようにも思われるが，従業員との間で秘密保持契約を締結することにより，①秘密保持義務の内容を明確にすることができるとともに，②従業員による秘密保持義務の理解の促進（ひいては秘密保持義務違反の抑止）に役立つ。また，③経済産業省が策定した営業秘密管理指針において，「秘密として管理する措置には，『秘密としての表示』や『秘密保持契約等の契約上の措置』も含めて広く考えることが適当である」として，秘密保持契約が秘密管理性の判断に影響を与える旨が記載されているため（同指針6頁脚注6），適切な内容の秘密保持契約を従業員との間で締結することにより，営業秘密の要件の中で最も重要な秘密管理性の要件が肯定されやすくなるというメリットが存在する。

　したがって，企業としては，労働者との間で秘密保持契約を締結することが望ましい。

---

(1)　菅野和夫『労働法〔第11版補正版〕』（弘文堂，2017年）151頁。
(2)　東京高判昭和55・2・18労民31巻1号49頁は，「労働者は労働契約にもとづく附随義務として，信義則上，使用者の利益をことさらに害するような行為を避けるべき責務を負うが，その一つとして使用者の業務上の秘密を漏らさないとの義務を負うものと解せられる」と判示している。

2

就業規則に秘密保持義務を
規定する場合の留意点

(1) 就業規則における秘密保持条項

　従業員に秘密保持義務を課す方法としては，従業員との間で秘密保持契約を
締結したり，従業員に秘密保持に関する誓約書を提出させたりする方法のほか，
就業規則に秘密保持義務に関する規定を設ける方法が考えられる。特に，就業
規則の作成を義務づけられている事業者（常時10名以上の従業員を雇用している
事業者）においては，従業員が秘密保持義務に違反した場合に当該従業員に対
して解雇を含む懲戒処分を行うためには，秘密保持義務に違反したことを懲戒
事由として就業規則に明記しておかなければならない（労働基準法89条）。した
がって，秘密保持義務違反について解雇を含む懲戒処分を行おうとする場合に
は，就業規則に秘密保持義務を規定しておかなければならない点に留意すべき
である。
　就業規則に秘密保持義務を定めた場合には，当該就業規則の規定が労働契約
を規律していることとなる[3]。
　法律上，従業員との間で締結した秘密保持契約において，就業規則と異なる
内容を定めた場合であっても，就業規則よりも労働者にとって不利な内容を定
めた場合には，当該部分は無効となり，無効となった部分は就業規則で定める
基準による（労働契約法7条但書，12条）。したがって，将来従業員との間で秘

---

(3)　前掲注(1)・菅野151頁。

密保持契約を締結した場合において，当該契約が就業規則よりも労働者にとって不利な内容であるとして無効とならないようにすべく，就業規則には，秘密保持契約に規定する予定の内容の概括的な内容を規定することが重要となる。

　以上を踏まえた上での，就業規則に従業員の秘密保持義務を規定する場合の記載例は，次のとおりである。

【記載例３－１　就業規則における秘密保持条項】

> 第●条　社員は，次の事項を遵守しなければならない。
>
> （●）　会社の内外，また，在職中であるか退職後であるかを問わず，会社の秘密情報を，業務上必要な目的以外の目的で使用してはならず，会社の事前許可なく第三者に対して開示，提供等してはならない。

　前記の記載例のほか，秘密保持契約に規定する対象となる情報が予定されている場合には，その情報の概括的な内容を例示として記載することも可能であり，このように記載することによって，秘密保持の対象をより明確にすることができるという利点がある。ただし，前記のとおり，就業規則の規定は，秘密保持契約に規定する予定の内容の概括的な内容の範囲に留めるように留意すべきである。

(2)　秘密保持誓約書の提出条項

　また，就業規則に秘密保持誓約書の提出を求めることができる旨についても規定することが有益である。このような条項を就業規則に規定する場合の記載例は，次のとおりである。

②　就業規則に秘密保持義務を規定する場合の留意点　■　*105*

【記載例３－２　秘密保持誓約書の提出条項】

> 第●条
> 　会社は，社員に対して，会社が保有する秘密情報を保持するため，在職中および退職後の秘密保持に関して，会社が必要と認めるときに，誓約書の提出を求めることができる。

　将来において個別に合意して従業員に誓約書の提出を義務づけることを企図しても，企業と従業員の関係が悪化している等して提出を拒まれるケースも想定されるため，提出条項は，就業規則に規定しておくことが望ましい。また，提出条項を規定する場合には，在職中の秘密保持の誓約書のみならず，退職後の秘密保持の誓約書も対象とすることが望ましい。

(3)　懲戒事由

　前記(1)のとおり，就業規則の作成を義務づけられている事業者（常時10名以上の従業員を雇用している事業者）においては，従業員が秘密保持義務に違反した場合に当該従業員に対して解雇を含む懲戒処分を行うためには，秘密保持義務に違反したことを懲戒事由として就業規則に明記しておかなければならない（労働基準法89条）。就業規則に秘密保持義務違反を懲戒事由として規定する場合の記載例は，次のとおりである。

【記載例３－３　就業規則に秘密保持義務違反を懲戒事由として規定する場合の条項】

> 第●条　社員が次のいずれかの事由に該当するときは，情状に応じて，第●条に定める懲戒処分を行う。
> (1)　会社の秘密情報を漏らし，または漏らそうとしたとき

…

第●条　社員が次のいずれかの事由に該当するときは，解雇する。

(1)　重大な懲戒事由があるとき

…

3 秘密管理規程に関する留意点

　従業員が会社の秘密情報を不正に開示，使用等した場合には，仮にその後に損害賠償請求，差止請求をすることができたとしても，実際に生じた損害のすべてを回復することは難しい。すなわち，営業秘密・限定提供データの漏えいが判明したとしても，①訴訟において秘密保持契約違反，および，不正競争行為を立証することは容易ではない場合が多く，②仮に，秘密保持契約違反，または，不正競争行為を立証することができたとしても，当該行為によって被った損害の額を立証することは容易ではないからである。また，いったん情報が第三者に開示されてしまうと，情報が開示されなかった状態に戻すことは不可能である。そこで，企業としては，未然の防止策として，従業員と秘密保持契約を締結することにより，従業員に会社の秘密情報の不正な開示，使用等をさせないように努めるべきである。その際，秘密保持契約を実効あらしめるものとするために，秘密情報の管理のルールについて，秘密管理規程を作成することが望ましい。

　秘密管理規程の作成にあたっては，以下の点に留意すべきである。

(1)　秘密管理規程の内容

　不正競争防止法によって保護される「営業秘密」（不正競争防止法2条6項）に該当するためには，有用性，非公知性および秘密管理性の3つの要件が必要であるといわれているが，一般的に，訴訟において最も激しく争われるのは，秘密管理性である。そこで，適切な秘密管理規程を作成し，その秘密管理規程

に基づく管理をすることにより，秘密管理性が認められる管理をすることが望ましい。また，後記第6章②(2)のとおり，平成30年改正により新設された「限定提供データ」（不正競争防止法2条7項）の要件のひとつである「電磁的管理性」が認められる管理をすることが望ましい。

　秘密管理規程には，①秘密管理規程の適用範囲（秘密管理規程が誰（正社員，パートタイマー，派遣労働者，出向社員等）に適用されるのか），②秘密情報の定義，③秘密情報の区分（秘密情報について求められる管理の厳格性に応じた秘密情報の区分），④管理責任者・管理権限，⑤秘密保持義務，⑥目的外使用の禁止等を定めることが望ましい。

(2)　秘密管理規程の従業員への説明

　前記(1)のとおり適切な秘密管理規程を策定したとしても，従業員が営業秘密について十分に理解していないために，秘密管理規程に基づく管理がなされていない場合には，秘密管理性が認められる可能性は低くなってしまう。そこで，従業員に対して，秘密管理規程の内容を理解してもらえるように，十分な説明・教育を行うことが必要である。

　具体的には，入社時，昇進時等，従業員に研修を行う際に説明するほか，営業秘密の管理についても定期的に研修を行うことが考えられる。研修は，繰り返し行うとともに，たとえば，研究者用の研修，工場作業員用の研修，事務員用の研修，管理職用の研修というように，実際に従業員が触れる営業秘密に即して研修を行うのが効果的であると考えられる。また，朝礼時等に折に触れて確認することも有益であると考えられる。また，秘密管理規程に違反した例が発見されたときには，その事例を配布する等して日々啓蒙に努めることも考えられる。

　なお，これらは，すべて行わなければならないというものではなく，その企業においていかなる方法が最も効果的かということを検討する必要がある。

⑶ 秘密管理方法を厳しくしすぎないこと

　秘密管理規程を策定する際には，もちろん秘密管理性が認められるために十分な管理を規定する必要があるものの，あまり厳しい条件にしてしまうと，従業員が遵守せずに，秘密管理規程と実態が乖離してしまい，最終的にはかえって秘密管理性が認められにくくなってしまう可能性がある点に留意すべきである。たとえば，重要な秘密情報が漏えいしないようにするために，ある区分の秘密情報については一切の複製を禁じる旨の規定を置き，その情報を含む電子データの複製ができないようなシステム設定にした場合において，その区分の秘密情報の中に工場に持参して現場で確認する必要のある資料が含まれていると，従業員がやむを得ず，自ら保有する私用のスマートフォンでその資料を写真撮影して，現場に持参する等という事態が起こりかねない。

　特に，後記第4章②のとおり，経済産業省が策定する営業秘密管理指針は2015年に全面改訂されているが，当該改訂前の営業秘密管理指針には，営業秘密の法解釈に加えて，ベストプラクティスや普及啓発的な事項も記載されていた。そのため，2015年の全面改訂後の営業秘密管理指針の内容を踏まえずに，改訂前の営業秘密管理指針を参照して策定された秘密管理規程は，過度に厳格な内容になってしまっている可能性もあるため，この点については確認することが望ましい。

　以上を踏まえ，秘密管理規程は，秘密情報がどのように社内で使用されるかという実態を考慮しつつ，実態に合わない過度に厳格な管理方法とならないように留意することが必要である。

⑷ わかりやすい管理方法とすること

　秘密管理規程を策定する際には，実際の現場で間違いが起きにくく，わかりやすい管理方法とすることが重要である。一般に，秘密情報は，求められる管

理の厳格性に応じて区分がなされることが多いが，たとえば，秘密情報の区分を細かくしすぎると，従業員が区分を誤って管理する可能性が高くなるため，区分の細かさは必要最小限に抑えることが望ましい。また，文書に秘密である旨の表示（以下「秘表示」という）を行うこととする場合には，企業の秘密情報が規定された文書としてどのようなものが想定されるのかを具体的に検討した上で，どの文書を秘表示の対象文書とするのかを明確にすべきである。たとえば，見落としがちな秘密情報が記載された文書・電子データとして，秘表示対象の文書のドラフトの扱い，秘表示対象の実験報告書に掲載された実験結果の元データの扱い等についても明確にしておくことが重要である。

4 入社・異動・退職等，場面別の秘密保持の誓約書，秘密保持契約等の具体的内容

(1) 入社時

ア 入社時に秘密保持義務を負わせることの必要性

前記①のとおり，労働者は，労働契約の存続中は，その付随義務の一種として，使用者の営業上の秘密を保持すべき義務を負っているが，企業の側からすると，それでもなお，従業員に秘密保持の誓約書を差し入れさせたり，従業員との間で秘密保持契約を締結することにより従業員に秘密保持義務を負わせたりするメリットがある。そして，従業員が自社の内部情報にアクセスできるようになる入社時は，秘密保持の誓約書の差し入れ，秘密保持契約の締結等により従業員に対して秘密保持義務を負わせる重要なタイミングのひとつである。

入社時に秘密保持義務を負わせる場合には，職種を限定せずに採用した従業員については，その従業員が入社後にどのような情報を開示されることになるのかが入社時に明らかではないため，秘密保持義務の対象となる情報を限定することができず，包括的・一般的に規定する方式を採らざるを得ない。また，職種を限定して採用した従業員については，職務内容と関連させて一定程度，秘密保持義務の対象となる情報を特定することができるものの，限界があり，こちらもある程度包括的・一般的に規定する方式を採らざるを得ない。このように，入社時に秘密保持義務を負わせる場合においては，対象となる情報が，包括的・一般的にならざるを得ない面がある。しかし，秘密保持義務の対象となる情報が包括的・一般的であると，後々，ある情報が秘密保持義務の対象で

112 ■ 第3章 従業員との間の秘密保持契約に関する留意点

あるかが問題となったときに，職業選択の自由（憲法22条1項）等の観点から秘密保持義務が広範に過ぎるために秘密保持の誓約書，秘密保持契約等が無効である等と判断されるおそれもある[4]。そのため，異動時，プロジェクトへの参加時等の各段階で，対象となる情報を特定した上で，秘密保持の誓約書，秘密保持契約等により秘密保持義務を負わせることが望ましい。この点は，秘密保持義務の対象となる情報が包括的・一般的であるほど改めて秘密保持義務を負わせることが望ましく，職種の限定をせずに採用した従業員については，特に留意が必要である。

イ　入社時の秘密保持の誓約書，秘密保持契約等の内容

入社時の秘密保持の誓約書，秘密保持契約等の主な内容としては，①秘密保持義務，②目的外使用の禁止，③秘密保持義務の対象となる情報の特定，④社内からの持ち出しの禁止，⑤異動時，プロジェクト参加時，退職時等に秘密保持契約を締結すること，⑥退職時の情報の破棄・返還である。以下，それぞれについて説明する。

①秘密保持義務，および，②目的外使用の禁止は，これらの対象となる情報の開示・漏えいを防止するために必要である。また，将来において企業と従業員の関係が悪化しているケースも想定されるところ，そのようなケースにおいては，従業員の退職時に，秘密保持の誓約書の差し入れ，秘密保持契約の締結を拒否される等の理由から，従業員に秘密保持義務を負わせることができない場合もあり得るため，秘密保持義務は，退職後にも及ぶことを規定しておくことが望ましい。

なお，従業員の秘密保持義務については，労働関係終了後も，信義則上の義務として存続するという見解が存在し[5]，この見解によれば，従業員が退職し

---

(4)　棚橋祐治監修『不正競争防止の法実務〔改訂版〕』（三協法規出版，2013年）172頁〔菅原貴与志執筆部分〕。

(5)　前掲注(1)・菅野151頁～152頁，大阪地判平成6・12・26判時1553号133頁等。経済産業省が策定した営業秘密管理指針は「従業員の転職に際して，退職従業員による新雇用主への営業秘密開示行為等が，旧雇用主との関係で信義則上の義務に著しく反するような形でなされた場合，新雇用主は，そのような信義則上の義務に著しく反する開示であ

た場合に，その退職従業員に対して，引き続き会社に対する秘密保持義務を負わせることが可能である。しかし，労働契約の付随義務である秘密保持契約は労働関係終了時に終了するという見解も存在し[6]，この見解によれば，従業員が退職した場合には，その従業員に対して別途契約上の秘密保持義務を課していない限り，その退職従業員は秘密保持義務を負わないこととなる。したがって，前記のとおり，企業としては，従業員が退職する場合に備えて，退職後の秘密保持義務についても入社時の秘密保持の誓約書または秘密保持契約に明記しておくことが有益である。

　また，③秘密保持義務の対象については，前記アのとおり，包括的・一般的であるほど無効となるリスクがあるために，できる限り対象を特定することが望ましい。しかしながら，入社時に秘密保持義務の対象を特定することには一定の限界があることは，前記アのとおりである。

　さらに，④社内からの情報の持ち出しの禁止については，情報の持ち出しを認めると，従業員の過失等によって情報が漏えいするリスクが高まる（典型的には，置き忘れ）ため，禁止する必要がある。また，社内からの情報の持ち出しを認めると，電子データの場合には，その情報を含む電子データの複製が作成され，管理すべき対象が多くなることによっても，漏えいするリスクが高まるといえる。

　次に，⑤後に秘密保持の誓約書の差し入れや，秘密保持契約を締結することがある旨の記載については，前記アのとおり，入社時に差し入れまたは締結する秘密保持の誓約書または秘密保持契約においては，秘密保持義務の対象となる情報は，包括的・一般的に規定せざるを得ないため，異動時，プロジェクト参加時，退職時にも秘密保持の誓約書の差し入れ，秘密保持契約の締結をすることが望ましい。そのため，入社時の秘密保持の誓約書，秘密保持契約等の中で，異動時，プロジェクト参加時，退職時にも秘密保持の誓約書の差し入れや，

　ることについて悪意又は重過失で当該営業秘密を使用等すると営業秘密侵害となる」（傍点は，著者による）と述べている（営業秘密管理指針13頁脚注9）ことから，この立場に立っているように思われる。

[6]　前掲注(1)・菅野151頁〜152頁，東京地判平成14・8・30労判838号32頁等。

秘密保持契約を締結することを記載しておくことが望ましい。

　最後に，⑥退職時の情報の破棄・返還については，従業員は，職務に関連して，秘密保持義務の対象となる情報が記載された電子データ，資料等を保有しているため，退職時にこれらを破棄・返還することによって，漏えいのリスクを低減させることが望ましい。なお，前記のとおり，従業員の退職時に，秘密保持の誓約書の差し入れ，秘密保持契約の締結を拒否される等の理由から，従業員と秘密保持契約を締結することができない場合もあり得るため，退職時の情報の破棄・返還についても，入社時に差し入れさせる秘密保持の誓約書，入社時に締結する秘密保持契約等に規定しておくことが望ましい。なお，各プロジェクトの終了時期等に差し入れる秘密保持の誓約書，締結する秘密保持契約等においても，同様に，資料等の破棄・返還を規定することが有益な場合があるものと思われる。

（図表３−１）　入社時の秘密保持の誓約書，秘密保持契約に規定すべきポイント

①　秘密保持義務
②　目的外使用の禁止
③　秘密保持義務の対象となる情報の特定
④　社内からの持ち出しの禁止
⑤　異動時，プロジェクト参加時，退職時等に秘密保持契約を締結すること
⑥　退職時の情報の破棄・返還

(2)　異動時，プロジェクトへの参加時等の秘密保持の誓約書，秘密保持契約等の規定内容

　前記(1)のとおり，入社時の秘密保持の誓約書，秘密保持契約においては，秘密保持義務の対象となる情報を包括的・一般的に規定せざるを得ない面があり，これを理由として秘密保持の誓約書，秘密保持契約等が無効となるリスクが存在する。そのため，秘密保持義務の対象となる情報がより明確となる異動時，特定のプロジェクトへの参加時等のタイミングで秘密保持の誓約書の差し入れ，

秘密保持契約の締結をすることが望ましい。特に，その中でも，①部署が変わることにより，秘密性の高い情報に触れることとなる場合，②一定以上の役職であるが故に秘密性の高い情報にアクセスすることができるようになる場合，③秘密性の高いプロジェクトに関与することにより，秘密性の高い情報に触れることとなる場合には，新たに秘密保持の誓約書の差し入れ，秘密保持契約の締結をする必要性が高い。

異動時，特定のプロジェクトへの参加時等のタイミングで秘密保持の誓約書の差し入れ，秘密保持契約の締結をする場合には，入社時の秘密保持の誓約書，秘密保持契約等と比較して，対象となる秘密情報の内容をより明確にすることが重要である。また，このような秘密保持契約の締結を通じて，ある従業員が，異動，特定のプロジェクトへの参加に伴い，どの情報に対する秘密保持義務を負うこととなるのかを明確にすることによって，その従業員に秘密保持義務を明確に意識させることが求められる。そして，明確になった対象について，改めて秘密保持義務，目的外使用の禁止，社内からの持ち出しの禁止について定めるとともに，従業員に対して，その後もプロジェクト参加時，退職時等に秘密保持の誓約書の差し入れ，秘密保持契約の締結をすること，退職時の情報の破棄・返還を規定することにより，従業員に秘密保持に関する注意を改めて喚起することが望ましい。

(図表３－２)　異動時，プロジェクトへの参加時等の秘密保持の誓約書，秘密保持契約等に規定すべきポイント

採用時の秘密保持の誓約書，秘密保持契約に規定すべきポイントに加えて，秘密保持義務の対象となる情報の明確化

(3)　退職時の秘密保持の誓約書，秘密保持契約等の規定内容

前記(1)のとおり，従業員の秘密保持義務については，労働関係終了後も，信義則上の義務として存続するという見解が存在し，この見解によれば，従業員

が退職した場合に，その退職従業員に対して，引き続き会社に対する秘密保持義務を負わせることが可能である。しかし，労働契約の付随義務である秘密保持契約は労働関係終了時に終了するという見解も存在し，この見解によれば，従業員が退職した場合には，その従業員に対して別途契約上の秘密保持義務を課していない限り，その退職従業員は秘密保持義務を負わないこととなる。実務的には，退職従業員が常に秘密保持義務を負うとは言い切れないことと，秘密保持義務の内容を明らかにして退職従業員にその遵守を明確に認識させる必要があること等の理由から，退職時において，秘密保持の誓約書の差し入れ，秘密保持契約の締結等をすることが望ましいといえる[7]。

また，仮に退職後の秘密保持義務についても入社時の秘密保持の誓約書または秘密保持契約に明記していたとしても，入社時の秘密保持の誓約書，秘密保持契約等において，秘密保持等の対象となる情報を包括的・一般的に規定せざるを得ない面があり，これを理由として秘密保持の誓約書，秘密保持契約等が無効となるリスクも存在する。そのため，秘密保持等の対象となる情報がより明確となった退職時において，秘密保持の誓約書の差し入れ，秘密保持契約の締結等をすることが必要である。

さらに，退職時に改めて秘密保持の誓約書の差し入れ，秘密保持契約の締結等をすることにより，当該従業員に秘密保持義務を明確に認識させることが有益である。退職時までに長年にわたり秘密保持の誓約書の差し入れ，秘密保持契約の締結等をしていない場合には，特に有益であるといえる。

退職時の秘密保持の誓約書，秘密保持契約等の内容としては，退職時の情報の破棄・返還を義務づける条項を規定することが重要である。なお，入社時，異動時，プロジェクトへの参加時等の秘密保持の誓約書，秘密保持契約等において，退職時の情報の破棄・返還を義務づける条項を規定しておくことにより，万が一，従業員に退職時に秘密保持の誓約書の差し入れ，秘密保持契約の締結等を拒否された場合にも，それらの従前の秘密保持の誓約書，秘密保持契約等

---

[7] 雇用契約が終了しているため，懲戒処分を行うことはできず，秘密情報の利用等の差止めや，損害賠償の請求ができるにとどまる。

④ 入社・異動・退職等，場面別の秘密保持の誓約書，秘密保持契約等の具体的内容 ■ *117*

に基づいて，従業員に退職時の情報の破棄・返還を義務づけることができる可能性がある。

なお，退職後の労働者には職業選択の自由（憲法22条１項）があることから，契約上の秘密保持義務が無制限に肯定されるわけではないものの，競業避止義務について要求される期間の限定や代償措置は必ずしも要件とされておらず，営業秘密等の重要性によっては，長期または無期限の守秘義務であっても認められる可能性がある[8]。

そして，退職時の秘密保持の誓約書，秘密保持契約等においては，退職従業員が競合先に再就職することを回避するために，当該退職従業員に競業避止義務を課すかを検討する必要がある。競業避止義務については，通説，および，裁判例の多数において，退職後の競業行為に対する契約的規制は，明示的な根拠があってはじめて発生し得るとされているため，従業員に競業避止義務を課すためには，秘密保持の誓約書，秘密保持契約等に規定することが必要となるからである[9]。ただし，競業避止義務を規定した場合であっても，使用者の正当な利益の保護の必要性に照らし，労働者の職業選択の自由を制限する程度が，競業制限の期間，場所的範囲，制限対象となっている職種の範囲，代償措置等から見て，必要かつ相当な限度のものでなければならず，その限度を超えて労働者の職業選択の自由（憲法22条１項）を過度に侵害する競業避止義務は，公序に反し無効とされると解されている[10]。

---

(8) 土田道夫「競業避止義務と守秘義務の関係について―労働法と知的財産法の交錯―」『労働関係法の現代的展開―中嶋士元也先生還暦記念論集』（信山社出版，2004年）205頁～206頁。ロボット製造ノウハウにつき10年の守秘義務を認めた裁判例として，東京地判昭和62・３・10判時1265号103頁，製品の製造過程や顧客名簿につき誓約書による期間の定めのない守秘義務を認めた裁判例として，東京地判平成14・８・30労判838号32頁がある。

(9) 日本労働法学会編『講座21世紀の労働法第４章 労働契約』（有斐閣，2000年）142頁～143頁〔川田琢之執筆部分〕。

(10) 小畑史子「営業秘密の保護と労働者の職業選択の自由」ジュリ1469号（2014年）58頁。

（図表３−３）　退職時の秘密保持の誓約書，秘密保持契約等に規定すべきポイント

（必要に応じて）競業避止義務
秘密保持等の対象となる情報の明確化
退職時の情報の破棄・返還

(4)　中途採用者に関する留意点

　中途採用者については，他社で取得した情報を自社に提供し，あるいは自社で使用することに伴うリスクが存在する。具体的には，中途採用者が，他社の情報を開示する行為が，営業秘密の不正開示（不正競争防止法２条１項７号）に該当する場合や，中途採用者から取得した情報を使用する行為が不正使用行為（同項８号）に該当することにより，企業が不正競争防止法に違反することとなるリスクが存在する。また，不正競争防止法では，一定の要件の下で，原告が被告の不正取得を立証した場合には，被告の不正使用行為が推定されることとなる（不正競争防止法５条の２）。特に，競合先の元従業員を雇用する場合には，これらのリスクが顕在化しやすいため，十分な注意が必要である。

　そのため，中途採用者との間では，採用面接時に，前の勤務先での業務内容，前の勤務先との間の秘密保持契約の有無等について確認し，採用する際には，前の勤務先の営業秘密の侵害行為を行わないこと，前の勤務先との関係で秘密保持義務を負う情報を開示しないことを規定した秘密保持契約を締結することが有益である。具体的な行為は多岐にわたるが，特に，中途採用者から前の勤務先の資料の提供を受けると，不正競争防止法違反と判断される可能性が高まる（従業員は，不正競争防止法違反のみならず，前の勤務先との間の秘密保持契約違反と判断される可能性も高まる）ため，中途採用者に対して，前の勤務先の資料は一切提供してはいけないことを十分に説明し，納得させることが重要である。

④ 入社・異動・退職等，場面別の秘密保持の誓約書，秘密保持契約等の具体的内容 ■ *119*

（図表３－４） 中途採用者採用時の秘密保持の誓約書，秘密保持契約等に規定すべきポイント

採用時の秘密保持の誓約書，秘密保持契約に規定すべきポイントに加えて，
前の勤務先の営業秘密の侵害行為を行わないこと
前の勤務先との関係で秘密保持義務を負う情報を開示しないこと

5

取締役と秘密保持契約

　取締役は，取締役服務規程等の明文の規定がなくとも，善管注意義務（会社法330条，民法644条）の一環として，法律上当然に会社の内部情報について守秘義務を負う[11]。また，裁判例では，退任後についても，信義則上，在任中に知り得た会社の内部情報について守秘義務を負うとされている[12]。

　さらに，取締役の競業避止義務については，在任中は，取締役が自己または第三者のために会社の事業の部類に属する取引をしようとするときは，①取締役会設置会社以外の会社においては，その取引につき重要な事実を開示して株主総会の承認（会社法356条1項）を，②取締役会設置会社においては，その取引につき重要な事実を開示して取締役会の承認を受けなければならない（会社法365条1項）。また，退任後は，別途競業禁止特約を締結しない限り，取締役は競業避止義務を負うものではない。別途競業禁止特約を締結する場合には，取締役の職業選択の自由に関わるため，①取締役の社内での地位，②営業秘密・得意先維持等の必要性，③地域・期間等の制限内容，④代償措置等の諸要素を考慮し，必要・相当性が認められる限りにおいて公序良俗に反せず有効と解するべきとされている[13]。これらの要素の中で，最も重要なものが，④代償措置であり，裁判例においても，代償措置が重要な考慮要素とされている[14]。

---

(11)　小林総合法律事務所編著『法務必携Q＆Aシリーズ　取締役・従業員の義務と責任』（中央経済社，2011年）253頁。

(12)　東京地判平成12・2・15判時1675号107頁。

(13)　江頭憲治郎『株式会社法〔第7版〕』（有斐閣，2017年）443頁。

(14)　たとえば，大阪地判平成15・1・22労判846号39頁は，「給与支給期間中月額4000円の秘密保持手当が支払われていただけで退職金その他の代償措置は何らとられていないことにかんがみると，原告が被告会社を退職する際にした平成13年8月30日付け合意は，競業避止義務の期間が1年間にとどまることを考慮しても，その制限が必要かつ合理的

また，学説の中には，④代償措置を不可欠の要件と解し，代償を欠く（または著しく低い代償を定めた）競業避止の約定は，職業選択の自由が構成する公序（民法90条）に反して無効であるとの説もある[15]。

代償措置については，仮に代償措置であると明示されていなくても，報酬額や退職金が元役職員の役職や職務内容に照らして高額であった場合や，社内規程に沿った支給額を上回る退職金が支給された場合等には，代償措置が取られていると認めるべきであるようにも思われるが，後日紛争になった場合において，確実に代償措置が認められるようにするべく，書面にて明確にしておくことが望ましい[16]。

さらに，元取締役の競業避止義務違反により損害を被ったとしても，その損害額を訴訟において立証することは容易ではないため，実務上の対策としては，競業避止の合意をする際に，義務違反が生じた場合には，退職金の全部または一部を不支給にしたり，返還義務を課したり，違約金を支払うことをあわせて合意したりすることで，具体的な損害額の立証をせずに一定額の金銭を支払わせる方策が考えられる[17]。

な範囲を超えるものであって，公序良俗に反し無効であるといわなければならない」と判示している。

[15]　土田道夫『労働法概説〔第3版〕』（弘文堂，2014年）282頁。

[16]　森本大介＝大賀朋貴「競業避止義務の効果的な規定と違反発見時の対応」ビジネス法務2013年4号（2013年）111頁。

[17]　最二小判昭和52・8・9集民121号225頁は，「被上告会社がその退職金規則において，右制限に反して同業他社に就職した退職社員に支給すべき退職金につき，その点を考慮して，支給額を一般の自己都合による退職の場合の半額と定めることも，本件退職金が功労報償的な性格を併せ有することにかんがみれば，合理性のない措置であるとすることはできない。」と判示している。

第**4**章

秘密保持契約を検討する際に理解しておくべき，営業秘密・限定提供データ漏えいをめぐる民事裁判の争点

第4章では，営業秘密または限定提供データの漏えいをめぐる民事裁判において争点となり得る事項のうち，秘密保持契約を検討する際に理解しておくべき事項について説明する。

具体的には，営業秘密または限定提供データの漏えい事案においてどのような法的請求が可能であるかを検討した上で（後記①），今後の不正競争防止法の解釈，および，営業秘密漏えいをめぐる裁判に大きな影響を与えると思われる営業秘密管理指針を概観する（後記②）。その上で，秘密保持契約を検討する際に理解しておくべき不正競争防止法のポイントである，営業秘密の定義（後記③），営業秘密に係る不正競争行為（後記④），差止め（後記⑤），損害・損害の推定規定（後記⑥），立証負担の軽減規定（後記⑦），具体的態様の明示義務（後記⑧），書類提出命令（後記⑨），閲覧等制限（後記⑩），秘密保持命令（後記⑪），国際裁判管轄（後記⑫），準拠法（後記⑬）について説明する。

1

契約違反に基づく請求と
不正競争防止法に基づく
請求の相違点

　企業は，従業員や委託先が情報を不正に開示等した場合において，当該従業員等との間で秘密保持契約を締結している場合には，秘密保持契約違反に基づく請求，および，不法行為・不正競争防止法に基づく請求を行うことが可能である[1]。

　秘密保持契約では，不正競争防止法が保護する「営業秘密」や「限定提供データ」よりも広い範囲に秘密保持義務を及ぼすことが可能である。そのため，そのように秘密保持義務の範囲を広く定めた場合における秘密保持契約違反に基づく請求では，不正競争防止法の「営業秘密」（2条6項）や「限定提供データ」（2条7項）にあたらないために同法に基づいて請求することができない情報等の漏えいについても請求の対象とすることができる[2]。

　また，秘密保持契約では，禁止される行為態様の面でも，不正競争防止法よりも広く秘密保持義務の範囲を定めることが可能である。すなわち，不正競争防止法が同法に定める不正競争行為のみを禁止するのに対して，秘密保持契約では，同法に定める不正競争行為に該当しない行為も含め，対象となる情報の使用・開示自体を禁止することができる。したがって，そのように秘密保持契約の対象となる情報の目的外での使用・開示自体を禁止していれば，使用・開

---

(1)　理論上は，たとえば，従業員が企業の情報を企業内のプリンターで印刷して持ち出した場合には，印刷した紙の所有権は企業にあることを理由として，所有権侵害の主張を行うことも考えられるが，当該紙の返還を受けたとしても，当該紙に記載された情報はすでに盗まれてしまっているため，実質的な救済は得られないものと思われる。

(2)　土田道夫「競業避止義務と守秘義務の関係について―労働法と知的財産法の交錯―」土田道夫ほか『労働関係法の現代的展開―中嶋士元也先生還暦記念論集』（信山社，2004年）197頁～198頁。

示の態様は問わず，従業員等の情報の目的外での使用・開示によってただちに
秘密保持契約違反が成立する。

　以上から，秘密保持契約違反に基づく請求の方が，不正競争防止法に基づく
請求よりも，秘密保持義務を負う情報の対象・禁止される行為態様を広くとら
えることが可能であるといえる。

　一方，秘密保持契約違反に基づく請求は，契約の締結主体である従業員等に
対してのみ行うことが可能であり，当該従業員等から情報を譲り受けた者が不
正開示行為等を行った場合に，その者に対して請求を行うことはできないのが
通常である。そのため，当該従業員等から情報を譲り受けた者に対しては，不
正競争防止法に基づく請求を行うことが必要となる。また，不正競争防止法に
基づく請求を行う場合には，損害の推定規定（5条），具体的態様の明示義務
（6条）等の原告側が被告による営業秘密または限定提供データの侵害をより
立証し易くするための規定が存在する。したがって，不正競争防止法に基づく
請求を行う場合には，これらの規定を利用して立証を行うことができるという
メリットが存在する。

　ところで，不正競争防止法に基づく請求とは別に，または，同法に基づく請
求とあわせて，不法行為に基づく請求を行うことができる余地もある。すなわ
ち，民法の不法行為規定は，いわば，不正競争防止法の補充法令であり[3]，不
正競争防止法の保護対象である営業秘密または限定提供データに該当しない情
報についても，不法行為の要件を満たせば，不法行為に基づく損害賠償請求を
行うことができる余地がある。ただし，不法行為に基づく請求の場合には，不
正競争防止法に基づく請求とは異なり原則として差止請求は認められず[4], [5]，

---

[3]　小野昌延＝松村信夫『新・不正競争防止法概説〔第2版〕』（青林書院，2015年）34頁
　　～35頁。
[4]　我妻榮ほか『我妻・有泉コンメンタール民法──総則・物権・債権──〔第5版〕』（日本
　　評論社，2018年）1496頁。
[5]　差止請求権は，知的財産権に基づく差止請求権（著作権法112条，特許法100条，実用
　　新案法27条，意匠法37条，商標法36条，不正競争防止法3条，半導体集積回路の回路配
　　置に関する法律22条，種苗法33条）のほかに，生命，身体等を保護法益とする人格権に
　　基づく差止請求権（民法723条参照），商法12条および会社法8条に基づく差止請求権，
　　建物の区分所有等に関する法律57条，58条に基づく差止請求権，独占禁止法24条に基づ
　　く差止請求権，消費者契約法12条に基づく差止請求権等が規定されている。差止請求権

また，不正競争防止法に規定されている損害の推定規定（5条），具体的態様の明示義務（6条）等の原告の立証を容易にするための規定の適用はない。

の法的根拠については，堤龍弥「差止請求権の法的基礎」河野正憲ほか編・井上治典先生追悼論文集『民事紛争と手続理論の現在』（法律文化社，2008年）71頁が詳しい。

2

営業秘密管理指針

　経済産業省の策定する営業秘密管理指針[6]は，2003年に制定され，2015年に全面的に改訂され，2019年1月23日にも改訂された。

　2015年の全面改訂前の営業秘密管理指針では，「営業秘密」の法解釈が必ずしも明確ではなかったため，2015年の全面改訂では「営業秘密」の法解釈を明確化することに特化し，不正競争防止法において法的保護を受けるために必要となる最低限の水準の対策を示すこととされた[7], [8], [9]。そして，「営業秘密」の3要件のうち，最も争われることが多い秘密管理性について紙幅の多くが割かれている。その中で，①秘密管理性要件の趣旨，②必要な秘密管理措置の程度，③秘密管理措置の具体例（紙媒体の場合，電子媒体の場合，物件に営業秘密が化体している場合，媒体が利用されない場合，複数の媒体で同一の営業秘密を管理する場合），④営業秘密を企業内外で共有する場合の秘密管理性の考え方について記載されている。

　また，2019年1月23日の改訂では，ビッグデータおよびAIの進展を踏まえて，

---

(6)　経済産業省ウェブサイト（http://www.meti.go.jp/policy/economy/chizai/chiteki/guideline/h31ts.pdf）。
(7)　改訂前の営業秘密管理指針には，「多岐にわたる事項が網羅されているが，それらをいかに実践すれば秘密管理性が認められるかは不明確である」（経団連ウェブサイト：http://www.keidanren.or.jp/policy/2014/011.html）との指摘がなされていた。
(8)　長井謙「営業秘密管理指針の全部改訂の解説」NBL1045号（2015年）59頁～60頁。
(9)　経済産業省は，営業秘密として保護を受けられる水準を超えて，秘密情報の漏えいを未然に防止するための対策例を紹介した「秘密情報の保護ハンドブック—企業価値向上に向けて—」（2016年2月）（http://www.meti.go.jp/policy/economy/chizai/chiteki/pdf/handbook/full.pdf）を策定している。

以下の記載等が追加された[(10), (11)]。

　まず，有用性が認められる情報の例として，欠陥製品を検知することを目的としたソフトウェアをAI（深層学習[(12)]）を用いて作成するための学習用データ[(13)]である「製品の欠陥情報」が追記された[(14)]。

　非公知性については，AI（深層学習）を用いてプログラムを作成するための学習用データが，公知情報を組み合わせて作成されている場合に，その組み合わせの容易性，取得に要する時間，資金等のコスト等を考慮して，非公知性が判断されるものと考えられる旨が追記された[(15)]。

　秘密管理性については，クラウド・コンピューティング[(16)]サービスを利用して，営業秘密を外部のサーバ（クラウド・コンピューティングサービス事業者が保有および管理をするサーバ）で保管および管理する場合においても，秘密として管理されていれば，秘密管理性が失われるわけではない旨が追記された[(17)]。これは，AI（深層学習）を用いてプログラムを作成するための学習データの典型例である工場の機器の稼働データ，人の行動データ等の膨大なデータを効率的に収集・分析するために，クラウド・コンピューティングサービスを利用した外部のサーバによる管理が行われることが想定されることを踏まえてのものである[(18), (19)]。

---

(10)　水野紀子ほか「「限定提供データに関する指針」の解説」NBL1140号（2019年）26頁。

(11)　産業構造審議会　知的財産分科会　営業秘密の保護・活用に関する小委員会「第四次産業革命を視野に入れた不正競争防止法に関する検討　中間とりまとめ」（2017年5月）。

(12)　「深層学習」の意味については，後記第6章①(1)参照。

(13)　「学習用データ」の意味については，後記第6章①(1)参照。

(14)　営業秘密管理指針16頁〜17頁。

(15)　営業秘密管理指針18頁。

(16)　クラウド・コンピューティングについては確立した定義は存在しないものの，一般にクラウド・コンピューティングの特徴として，高度なスケーラビリティ（拡張性），抽象化されたコンピュータリソースであること，サービスとして提供されること，利用料金が安価であることが挙げられており，これらの特徴を有するものがクラウド・コンピューティングと呼ばれることが多い（濱野敏彦「クラウド・コンピューティングの概念整理(1)」NBL918号（2009年）24頁）。

(17)　営業秘密管理指針11頁。

(18)　前掲注(10)・水野ほか26頁。

(19)　前掲注(11)・27頁。

3

不正競争防止法が適用されるための営業秘密の要件

(1) 概 説

　営業秘密とは,「秘密として管理されている生産方法,販売方法その他の事業活動に有用な技術上又は営業上の情報であって,公然と知られていないものをいう」(不正競争防止法2条6項)。一般的には,この営業秘密の定義から,有用性,非公知性および秘密管理性の3つが営業秘密の要件であるといわれている[20], [21]。以下では,各要件について説明する。

---

[20]　営業秘密管理指針3頁。
[21]　営業秘密の保護規定は,加盟国間の最低限の保護水準を定めた「知的所有権の貿易関連の側面に関する協定」(TRIPS協定) の以下の規定 (特許庁ウェブサイト:https://www.jpo.go.jp/system/laws/gaikoku/trips/chap3.html) を担保する性格を持つものである。

> 第7節　開示されていない情報の保護
> 第39条〔抜粋〕
> (1)　1967年のパリ条約第10条の2に規定する不正競争からの有効な保護を確保するために,加盟国は,開示されていない情報を(2)の規定に従って保護し,及び政府又は政府機関に提出されるデータを(3)の規定に従って保護する。
> (2)　自然人又は法人は,合法的に自己の管理する情報が次の(a)から(c)までの規定に該当する場合には,公正な商慣習に反する方法により自己の承諾を得ないで他の者が当該情報を開示し,取得し又は使用することを防止することができるものとする。
> 　(a)　当該情報が一体として又はその構成要素の正確な配列及び組立てとして,当該情報に類する情報を通常扱う集団に属する者に一般的に知られておらず又は容易に知ることができないという意味において秘密であること
> 　(b)　秘密であることにより商業的価値があること
> 　(c)　当該情報を合法的に管理する者により,当該情報を秘密として保持するための,状況に応じた合理的な措置がとられていること

(2) 有用性

　「生産方法，販売方法その他の事業活動に有用な技術上又は営業上の情報」としては，具体的には，製品の設計図・製法，顧客名簿，販売マニュアル，仕入先リスト等が挙げられる。ここでいう「有用な」とは，財やサービスの生産，販売，研究開発に役立つ等の事業活動にとって有用であることを意味する[22]。

　有用性の要件は，公序良俗に反する内容の情報（脱税や有害物質の垂れ流し等の反社会的な情報）等，秘密として法律上保護されることに正当な利益が乏しい情報を営業秘密の範囲から除外した上で，広い意味で商業的価値が認められる情報を保護することに主眼がある。そのため，秘密管理性・非公知性の要件を満たす情報は，有用性が認められることが通常であり，また，現に事業活動に使用・利用されていることを要するものではない。同様に，直接ビジネスに活用されている情報に限らず，間接的（潜在的）な価値がある場合も含むため，たとえば，いわゆるネガティブ・インフォメーション（ある方法を試みてその方法が役立たないという失敗の知識・情報）にも有用性は認められる[23],[24]。

　このように，有用性の要件は，基本的に認められることが多く，実際に有用性が実質的な争点として裁判で争われた例は多くはない[25]。

(3) 非公知性

　営業秘密の要件として，「公然と知られていない」（不正競争防止法2条6項）ことが求められており，この要件は，一般的に「非公知性」と呼ばれている。

---

[22]　本パラグラフにつき，経済産業省知的財産政策室編『逐条解説　不正競争防止法〔第2版〕』（商事法務，2019年）43頁。

[23]　営業秘密管理指針16頁〜17頁。

[24]　通商産業省知的財産政策室監修『営業秘密―逐条解説改正不正競争防止法』（有斐閣，1990年）58頁〜59頁。

[25]　小野昌延編著『新・注解　不正競争防止法　下巻〔第3版〕』（青林書院，2012年）850頁〔小野昌延＝大瀬戸豪志＝苗村博子執筆部分〕。

「公然と知られていない」状態とは，当該営業秘密が一般的に知られた状態になっていない状態，または容易に知ることができない状態である。具体的には，当該情報が合理的な努力の範囲内で入手可能な刊行物に記載されていない等，保有者の管理下以外では一般的に入手できない状態をいう[26]。

非公知性の要件について留意すべきであるのは，非公知性は，特許法29条1項各号の新規性とは異なる概念であるということである。特許法の下での新規性の解釈では，特定の者しかある情報を知らない場合であっても当該情報に守秘義務が課せられていない場合には特許法上の公知となり得るが，不正競争防止法の下での営業秘密の非公知性の解釈では，ある情報を知った特定の者が当該情報について事実上秘密を維持していれば，なお非公知と考えることができる場合がある[27]。

また，営業秘密は，通常，さまざまな知見を組み合わせてひとつの情報を構成していることが通常であるが，さまざまな刊行物に記載されている情報の断片を集めた場合に，当該営業秘密に近い情報が再構成され得るからといって，そのことをもってただちに非公知性が否定されるわけではない。なぜなら，その断片に反する情報等も複数あり得る中で，どの情報をどのように組み合わせるかといったこと自体に価値がある場合には，営業秘密たり得るからである。さまざまな知見を組み合わせてひとつの情報を構成している営業秘密については，組み合わせの容易性，取得に要する時間，コスト等を考慮し，保有者の管理下以外で一般的に入手できるかどうかによって非公知性の有無が判断されることとなる[28]。

---

(26) 本パラグラフにつき，営業秘密管理指針17頁。
(27) 本パラグラフにつき，営業秘密管理指針17頁。
(28) 本パラグラフにつき，営業秘密管理指針18頁。

(4) 秘密管理性

ア 秘密管理性の趣旨

　営業秘密は，特許等のように公示されない。特許法は，独占権たる特許権を付与することにより発明を保護するとともに，特許出願，特許等を通じて発明を公開して発明の利用を図ることにより，発明を奨励し，産業の発達に寄与することを目的としているため（特許法1条，64条，66条，68条等），特許の内容は公示されることとなる。一方，営業秘密は，秘密とされていることによって価値が維持されるものであるから，その性質上，公示することができない。

　また，営業秘密は，「秘密として管理されている生産方法，販売方法その他の事業活動に有用な技術上又は営業上の情報であって，公然と知られていないものをいう」（不正競争防止法2条6項）と定義されているように，「情報」であり，その管理方法は，不正競争防止法等によって定められた一定の管理方法があるわけではなく，営業秘密の保有者に委ねられているため，さまざまである。

　したがって，従業員，取引先等にとって，当該情報が法により保護される営業秘密であることを容易に知り得ない状況が想定される。

　秘密管理性の要件を求める趣旨は，このような営業秘密の性質を踏まえて，企業が秘密として管理しようとする対象が明確化されることによって，当該営業秘密に接した者が事後に不測の嫌疑を受けることを防止し，従業員，取引先等の予見可能性，ひいては経済活動の安定性を確保することにある[29]。

イ 秘密管理性の要件

　秘密管理性の要件を満たすために必要な管理措置の程度との関係では，「情報に接する者が秘密であることを認識し得る程度の管理措置があれば足りるの

---

[29]　営業秘密管理指針4頁〜5頁。

か，それだけでは足りず，追加的措置が必要なのか」という点が問題となる。換言すると，「認識可能性」だけで足りるのか，それとも，「認識可能性」を担保するレベル以上に「アクセス制限」等の管理措置が必要なのか，という問題である。

　この点については，①営業秘密の立法当時においては「認識可能性」を中心として「秘密管理性」を判断しようとしていたこと，および，②仮に「認識可能性」を満たすレベル以上に，何らかの追加的な管理措置が必要であるとすると，企業に対して「鉄壁」の防御を求めることに繋がりかねないことに照らすと，「情報に接する者が秘密であることを認識し得る程度の管理措置があれば足りる（「認識可能性」だけで足りる）」と考えるのが合理的である[30], [31]。

　そして，「アクセス制限」等が，「認識可能性」を担保するひとつの手段であると考えられる。また，秘密として管理する措置には，「秘密としての表示」や「秘密保持契約等の契約上の措置」も含めて広く考えることが適当である。

　認識可能性を確保するための方法としては，たとえば，紙媒体であれば，ファイルの利用等により，一般情報からの区分を行った上で，当該文書に秘表示をする方法等が考えられる。また，電子媒体の場合には，USBメモリ，CD-ROM等の記録媒体への秘表示の貼付，電子データのヘッダー等への秘表示の付記，当該電子記録媒体の格納場所へのアクセス制限等といった方法が考えられる[32]。

　また，従業員の頭の中に記憶されている情報等（媒体が利用されていない情報）であっても，事業者が営業秘密となる情報のカテゴリーをリスト化すること，営業秘密となる情報を具体的に文書等に記載すること等の秘密管理措置を通じて，従業員等の認識可能性が担保される限りにおいて営業秘密に該当し得る[33]。

---

(30)　営業秘密管理指針 6 頁脚注 6 。
(31)　前掲注(8)・長井60頁～61頁。
(32)　本パラグラフにつき，前掲注(22)・経済産業省知的財産政策室編41頁。
(33)　本パラグラフにつき，前掲注(22)・経済産業省知的財産政策室編41頁。

ウ　認識可能性の主体

前記のとおり，「情報に接する者が秘密であることを認識し得る程度の管理措置があれば足りる（「認識可能性」だけで足りる）」と考える場合には，「誰の」認識可能性が必要かが問題となる。

この点については，たとえば，①組織の内部者・部外者を含めて現実に情報に接し得るすべての者にとっての認識可能性が必要であるという考え方，②当該情報に合法的に，かつ，現実に接することができる者にとっての認識可能性が必要であるという考え方，③実際の侵害者と同じ立場の者にとっての認識可能性が必要であるという考え方があり得る[34]。

このうち，営業秘密管理指針では，②の考え方が採られている。すなわち，職務上，営業秘密たる情報に接することができる者が基本となるが，職務の範囲内か否かが明確ではなくとも当該情報に合法的に接することができる者（たとえば部署間で情報の配達を行う従業員，いわゆる大部屋勤務において無施錠の書庫を閲覧できる場合における他部署の従業員等）も含まれるとする。なお，従業員に対する秘密管理措置があれば，侵入者等に対しても秘密管理性は確保されるのであって，営業秘密保有企業の秘密管理意思が従業員に対するものとは別に侵入者等に示される必要はない[35]。

---

[34]　前掲注(8)・長井61頁～62頁。
[35]　営業秘密管理指針6頁～7頁。

136 ■ 第4章 秘密保持契約を検討する際に理解しておくべき，営業秘密・限定提供データ漏えいをめぐる民事裁判の争点

4

行為類型と不正競争防止法の法適用

(1) はじめに

　不正競争防止法2条1項には，営業秘密に関する不正競争行為として，4号から10号までの7つの類型が規定されている。

　各類型の詳細は以下のとおりである。

(2) 第4号

（定義）

第2条 この法律において「不正競争」とは，次に掲げるものをいう。

　四　窃取，詐欺，強迫その他の不正の手段により営業秘密を取得する行為（以下「営業秘密不正取得行為」という。）又は営業秘密不正取得行為により取得した営業秘密を使用し，若しくは開示する行為（秘密を保持しつつ特定の者に示すことを含む。次号から第9号まで，第19条第1項第6号，第21条及び附則第4条第1号において同じ。）

　2条1項4号の不正競争行為は，①窃取，詐欺，強迫等の不正の手段によって営業秘密を取得する行為，および，②不正取得行為によって取得した営業秘密を使用，または，開示する行為である。以下，要件について説明した上で，

具体例を挙げる。

ア　窃取，詐欺，強迫その他の不正な手段による営業秘密の取得

「窃取，詐欺，強迫」は営業秘密の不正取得行為の典型的手段の例示であって，不正取得は，それらも含め，「不正な手段」によることで成立する。たとえば，強迫（脅迫）のほか，①暴行によって保有者より営業秘密を入手すること，②保有者の意思に反して，保有者が管理する情報システムに侵入して営業秘密を取得する行為も不正取得に該当する[36]。もっとも，立法担当者の見解によれば，「『不正ナル手段』の内容は，営業秘密の保有形態等によってさまざまであるが，基本的には，刑罰法規に該当する行為やそれと同等の違法性を有する公序良俗違反の行為と考えるのが妥当である」[37]とされており，「不正ナル手段」の具体例として，①印刷会社の従業員Ａが，会社の保管する大口受注報告書等の機密文書を持ち出して窃取し，産業スパイである企画調査業者Ｂに交付した事案（東京地判昭和40・6・26判時419号14頁）におけるＡの行為，②医薬品会社に勤務するＣが，他社開発の抗生物質の製造承認申請に関する資料の持ち出しを国立予防衛生研究所の技官Ｄに依頼し，Ｄが当該資料を持ち出し，ＣがＤから当該資料を受領して自社に持ち帰り，コピーを作成した上で，返却した事例（東京地判昭和59・6・15判タ533号255頁）におけるＣおよびＤの行為，③百貨店に勤務するベテランコンピュータ技術者Ｅが約2年半にわたり，会社の顧客名簿の入力された磁気テープを盗み出し，社外のリスト販売業者に売却し，総額2,000万円を超える不正な利益を得た事例（東京地判昭和62・9・30判時1250号144頁）におけるＥの行為が挙げられている[38]。

イ　使　用

「使用」とは，製品の製造，事業活動等のために営業秘密を直接使用する行

---

[36]　小野昌延編著『新・注解　不正競争防止法　上巻〔第3版〕』（青林書院，2012年）532頁〔小野昌延＝苗村博子執筆部分〕。
[37]　前掲注(24)・通商産業省知的財産政策室監修78頁。
[38]　前掲注(24)・通商産業省知的財産政策室監修79頁～80頁。

為および研究開発，事業活動等の実施のために営業秘密を参考とする行為のように，「営業秘密の本来の使用目的に沿って行われ，当該営業秘密に基づいて行われる行為として具体的に特定できる」行為を意味する。営業秘密の使用行為の具体例としては，製品の製造，事業活動等の実施のために営業秘密を直接使用する行為の具体例として，製造技術等の各種技術，設計図等の使用による製品の製造行為や，顧客名簿，仕入先リスト，販売マニュアル等の使用による営業活動の実施が挙げられる。また，研究開発，事業活動等の実施のために営業秘密を参考とする行為の具体例として，研究開発における実験データを参考とすることによる研究開発投資の削減や，他社の生産コスト・販売データ・在庫管理情報等を参考にした営業活動の実施が挙げられる[39]。

　さらに，営業秘密を使用して製造した製品の取扱い，すなわち，製造ノウハウを使用して製造された製品であることが特定された場合における当該製品の販売，在庫の処分等の行為については，立法担当者の見解と裁判例が分かれているようである。立法担当者の見解によれば，製品を製造する行為が営業秘密の使用行為として特定できる場合であっても，営業秘密を使用して製造された製品を販売する行為等は，営業秘密の使用行為には該当しないとされている[40]。一方で，裁判例は，これらの行為も使用に含まれると見ているようである[41]。

ウ　開　示

　「開示」とは，①営業秘密を公然と知られたものとすること，および，②営業秘密を非公知性を失わない状態で特定の者に通知することを意味する。この点については，立法担当者により，単に「開示」と規定すると，前記①の意味のみを有すると解されるおそれがあるために，「開示する行為（秘密を保持し

---

(39)　本パラグラフにつき，前掲注(24)・通商産業省知的財産政策室監修75頁～76頁。
(40)　前掲注(24)・通商産業省知的財産政策室監修76頁。
(41)　製品を販売等する行為が営業秘密の使用行為に該当することを認めた裁判例として，東京高判平成14・1・24裁判所ウェブサイト，大阪地判平成15・2・27裁判所ウェブサイト。

つつ特定の者に示すことを含む。以下同じ。）」として，②の意味も含むことを明確にしたと説明されている。営業秘密の開示行為の具体例としては，営業秘密の内容が固定された媒体の移転を通じて営業秘密の内容が他人に通知される場合や，口頭で伝える等の方法により，当該営業秘密の内容が他人に通知される場合が挙げられる[42]。

エ　具体例

不正な手段による営業秘密の取得の具体例としては，(i)外部からの侵入者が，企業が管理している製品の製造方法が記載されている資料を盗みとる場合や，(ii)企業の従業員が，同じ企業の他の部署の者に虚偽の事実を述べて，顧客データを騙しとる場合が挙げられる。

また，不正な手段により取得した営業秘密の使用・開示の具体例としては，前記の具体例により不正に営業秘密を取得した者が，当該営業秘密を使用し，または，他者に開示する場合が挙げられる。すなわち，「使用」の例としては，前記(i)の外部からの侵入者が競合会社の技術者であり，取得した製品の製造方法を用いて，自社でコピー製品を製造する場合，「開示」の例としては，前記(ii)の顧客データを騙しとった従業員が，転職後に，転職先の会社にその顧客データを提供する場合が挙げられる。

これらの比較的わかりやすい具体例のほかに，実務上は，企業の従業員が，「退職の記念のため」等として従前使用していた資料を自宅に持ち帰ることが問題となり得る。まず，①自己の職務に関する資料であれ，他人の職務に関する資料であれ，従業員が退職時に企業内で管理していた資料を当該企業の許可を得ることなく自宅へ持ち帰った場合には，本号の「不正な手段による取得」に該当し得る。なお，従業員が自宅に持ち帰った資料に記載された営業秘密を使用し，または第三者に開示した場合には，7号が適用され得る（後記(5)参照）

また，②企業の従業員が，在職中に自宅に持ち帰ることが認められていた営

---

[42]　本パラグラフにつき，前掲注(24)・通商産業省知的財産政策室監修76頁～77頁。

業秘密が記載された資料を，退職時に返却の要請があったにもかかわらず返却せずに，そのまま自宅に置いていた場合には，物理的にはその資料は従業員の退職の前後を問わず同じ場所に置かれているものの，退職の前後ではその資料を保有する権限の有無が異なるため，やはり「不正な手段による取得」に該当し得る。なお，退職時に返却の要請がなかった場合には，「職務に関して持ち帰る権限が認められていたに過ぎず，退職時には返却することが予定されていた（退職後保持する権限は認められていなかった）」か否かという点が争われ得る。この場合には，秘密保持に関する規程類があれば，それらが権限の内容を示す重要な証拠になると考えられるが，仮にそれらがない場合であっても，通常は，「退職時に会社の情報を返却しなくて良い，退職後は自由に使って良い」ということは想定しにくいため，規程類がないことをもってただちに「不正な手段による取得」に該当しないというわけではないのではなかろうか。もちろん，実務としては，企業の規模・実情に合った無理のない範囲で，規程類を整備することや，退職時に資料の返却を要請するというより良いプラクティスを目指すべきである。

さらに，③秘密保持契約において退職時に資料を返却すべきことを規定している場合には，企業の元従業員が，秘密保持契約により退職時に返却すべきであった資料を自宅に保管してさえいれば，当該資料が営業秘密に該当しなくても，また，当該元従業員が窃取，詐欺，強迫その他の不正の手段を用いたことを立証できない場合であっても，秘密保持契約違反が成立することとなる。

(3) 第5号

（定義）
第2条 この法律において「不正競争」とは，次に掲げるものをいう。
　五　その営業秘密について営業秘密不正取得行為が介在したことを知って，若しくは重大な過失により知らないで営業秘密を取得し，又はそ

> の取得した営業秘密を使用し，若しくは開示する行為

　2条1項5号の不正競争行為は，①ある営業秘密が不正な取得行為によって取得されたものであることを知って，または，重大な過失により知らないでその営業秘密を取得する行為，および，②①の行為によって取得した営業秘密を使用し，または，開示する行為である。以下，要件について説明した上で，具体例を挙げる。

ア　要件

　本号は，「不正取得行為が介在した」ことについて悪意または善意・重過失（善意であるものの，重過失がある場合）であることが要件となっており，一次不正取得者（営業秘密の保有者からその営業秘密を不正に取得した者）が取得した営業秘密が転々流通する過程のどこかで，その営業秘密が保有者から不正取得されたものであることにつき悪意または善意・重過失である者が取得（転得）した場合に適用される。取得者（転得者）が悪意または善意・重過失であれば，その取得者（転得者）の前に善意無重過失者（不正取得行為が介在したことを知らず，かつ，知らないことについて重過失がない者）が介在した場合であっても，その取得者（転得者）が本号の適用を受ける[43]。

　また，「重大な過失により知らないで」とは，通常の注意義務を尽くしていれば不正取得行為の介在を知ることができたのに，漫然とこれを取得することをいう[44], [45]。

　なお，ある営業秘密が不正な取得行為によって取得されたものであることを

---

[43]　金井重彦ほか編著『不正競争防止法コンメンタール〔改訂版〕』（レクシスネクシスジャパン，2014年）101頁〔山口三惠子執筆部分〕。

[44]　前掲注[43]・金井ほか編著101頁〔山口三惠子執筆部分〕。

[45]　後記(6)のとおり，知財高判平成30・1・15（平成29年（ネ）第10076号）は，2条1項8号について，「不競法2条1項8号所定の『重大な過失』とは，取引上要求される注意義務を尽くせば，容易に不正開示行為等が判明するにもかかわらず，その義務に違反する場合をいうものと解すべきである」と判示している。

重大な過失によることなく知らないで営業秘密を取得した者であっても，その後，その営業秘密について不正取得行為が介在したことを知り，または重大な過失により知らないで，当該営業秘密を使用または開示する場合には，本号ではなく，6号が適用される（後記(4)参照）。

イ　具体例

①ある営業秘密が不正取得行為によって取得されたものであることを知って，または，重大な過失により知らないでその営業秘密を取得する行為の具体例としては，(i)産業スパイであるXが，A会社製品の製造方法が記載された資料を不正に取得し，A会社の競合会社であるB会社が，Xが産業スパイであり，不正にA会社の営業秘密資料を取得したことを知りながら，Xに多額の金銭を払ってA会社のその営業秘密資料を取得する場合，(ii)A会社が，身元不明のXから，出所不明の大量の顧客データを高額の対価と引き換えに提供するという話を持ちかけられ，B会社はXが当該資料を不正に取得したことを知らなかったものの，何らの調査も行わずに，高額の対価を払って顧客データを購入する場合が挙げられる。なお，中途採用者に関する留意点については，第3章④(4)を参照されたい。

②①の行為によって取得した営業秘密の「使用」の具体例としては，前記①(i)のB会社が，取得した営業秘密資料を用いてA会社のコピー製品を製造する場合，「開示」の例としては，前記①(i)のB会社が，下請け企業であるC会社にA会社のコピー製品を製造させるために，その資料を提供する場合が挙げられる。

(4)　第6号

（定義）
第2条　この法律において「不正競争」とは，次に掲げるものをいう。

> 六　その取得した後にその営業秘密について営業秘密不正取得行為が介
> 　　在したことを知って，又は重大な過失により知らないでその取得した
> 　　営業秘密を使用し，又は開示する行為

　2条1項6号の不正競争行為は，ある営業秘密が不正取得行為によって取得
されたものであることを知らずに取得し，その後に当該営業秘密について不正
取得行為が介在したことを知って，または，重大な過失により知らないでその
営業秘密を使用，または，開示する行為である。以下，要件について説明した
上で，具体例を挙げる。

ア　要　件
　「介在した」および「重過失」の意味は，前記(3)を参照されたい。
　本号は，営業秘密の取得時に不正取得行為が介在したことを知らず，かつ，
重大な過失によることなく知らない取得者が，事後的に，不正取得行為の介在
を知り，または，知ることができたにもかかわらず重過失により知らなかった
場合において，その後にその営業秘密を使用し，または開示するときに該当す
る。事後的に悪意，または，重過失となり得る場合としては，たとえば，営業
秘密の保有者または管理者から警告状または訴状の送達を受けた場合，営業秘
密の不正取得行為についての新聞報道がなされた場合等が挙げられる[46]。
　そして，これらを受けて，取得者側にて調査を行い，その結果として不正に
取得された営業秘密である可能性が高い場合には，取得者側も取得した情報を
その後に使用しないという対応を採ることにより，自らの行為が「不正競争行
為」に該当しないようにすることができる。一方で，取得者側の調査の結果と
して不正に取得された営業秘密である可能性が高くない，あるいは判断できな
い場合に，取得した情報をその後に使用したことをもって重過失と判断される

---

[46]　渋谷達紀「営業秘密の保護―不正競争防止法の解釈を中心として―」曹時345巻2号
　　（1997年）18頁。

余地があるのかは，難しい問題であるように思われる。結局のところ，実際に悪意，または，重過失に該当するかについては，具体的な事実関係に基づいて個別具体的に判断せざるを得ない。

なお，本号に該当する場合にも，後記(8)の適用除外に該当しないかは別途検討する必要がある。

イ　具体例

具体例としては，Ａ会社の従業員であるＸが，Ａ会社の製品の製造方法が記載された資料を不正に取得した場合において，Ａ会社の競合会社であるＢ会社が，Ｘが不正にＡ会社の営業秘密資料を取得したことを知らずにその資料を取得し，その後に，ＸがＡ会社のその資料を不正取得したことを理由に逮捕されたためにＢ会社が取得した資料がＡ会社の営業秘密を不正に取得したものであるという事実を知ったにもかかわらず，その後にＢ会社がその資料を使用してＡ会社のコピー製品を製造する場合が挙げられる。

(5)　第7号

（定義）

第2条　この法律において「不正競争」とは，次に掲げるものをいう。

　七　営業秘密を保有する事業者（以下「営業秘密保有者」という。）からその営業秘密を示された場合において，不正の利益を得る目的で，又はその営業秘密保有者に損害を加える目的で，その営業秘密を使用し，又は開示する行為

2条1項7号の不正競争行為は，営業秘密を保有する事業者からその営業秘密を示された場合に，不正の利益を得る目的で，または，営業秘密の保有者に損害を加える目的で，その営業秘密を使用，または，開示する行為である。以

下，要件について説明した上で，具体例を挙げる。

ア　要　件

「不正の利益を得る目的」（図利目的）とは，競争関係にある事業を行う目的のみならず，広く公序良俗または信義則に反する形で不当な利益を図る目的のことをいい，自ら不正の利益を得る目的（自己図利目的）のみならず，第三者に不正の利益を得させる目的（第三者図利目的）も含まれる。また，「保有者に損害を加える目的」（加害目的）とは，営業秘密の保有者に対し，財産上の損害，信用の失墜その他の有形無形の不当な損害を加える目的のことを指し，現実に損害が生じることは要しない[47]。

　本号は，営業秘密の保有者が，従業者，下請企業，ライセンシー等（以下「従業者等」という）に対して営業秘密を示した場合，すなわち，従業者等が正当に営業秘密の開示を受けている場合において，従業者等が，営業秘密の保有者が従業者等に対して営業秘密を示した目的に反して，不正の利益を得る目的で，またはその保有者に損害を加える目的で，その営業秘密の使用または開示をする行為を対象としている。いわば，従業員等による信義則違反・信義則違背行為を対象としている。

イ　具体例

　具体例としては，(i)A会社がB会社に対してノウハウのライセンスをしている場合において，B会社の従業員Xが，金員を得ることを目的として，A会社がB会社に対して開示した営業秘密を，A会社の競合会社であるC会社に開示する場合，(ii)A会社とB会社が共同開発を行う場合において，A会社に対して恨みを持っていたB会社の従業員Xが，A会社がB会社に対して開示した営業秘密を，A会社に損害を加えることを目的として，金員を得ることなく，A会社の競合会社であるC会社に対して開示する場合が挙げられる。

---

[47]　本パラグラフにつき，前掲注(22)・経済産業省知的財産政策室編97頁～98頁。

なお，これらの比較的わかりやすい具体例のほかに，実務上は，企業の従業員が，「退職の記念のため」等として従前使用していた資料を自宅に持ち帰り，その後に資料に記載された営業秘密を使用，または第三者に開示した場合に，図利目的または加害目的があるかが問題となり得る。この点については，「退職の記念のため」であっても，ただちに図利目的または加害目的が否定されるわけではなく，状況によっては，非経済的な利益目的，加害目的等が認められる場合もあると考えられる[48]。

(6) 第8号

（定義）

第2条　この法律において「不正競争」とは，次に掲げるものをいう。

　八　その営業秘密について営業秘密不正開示行為（前号に規定する場合において同号に規定する目的でその営業秘密を開示する行為又は秘密を守る法律上の義務に違反してその営業秘密を開示する行為をいう。以下同じ。）であること若しくはその営業秘密について営業秘密不正開示行為が介在したことを知って，若しくは重大な過失により知らないで営業秘密を取得し，又はその取得した営業秘密を使用し，若しくは開示する行為

2条1項8号の不正競争行為は，①7号に該当する営業秘密の不正開示行為（すなわち，従業員等による信義則違反・信義則違背行為）であること，または，②秘密を守る法律上の義務に違反した営業秘密の不正開示行為であること，もしくは，③①および②の不正開示行為が介在していることを知って，または，重大な過失により知らないで，その営業秘密を取得し，またはその取得した営

---

[48]　産業構造審議会　知的財産分科会　営業秘密の保護・活用に関する小委員会作成に係る2015年2月付「中間とりまとめ」19頁。

業秘密を使用もしくは開示する行為である。以下，要件について説明した上で，具体例を挙げ，最後に本号の「重大な過失」の有無が争点となった知財高判平成30・1・15（平成29年（ネ）第10076号）について説明する。

ア　要　件

「介在した」および「重過失」の意味は，前記(3)を参照されたい。

「秘密を守る法律上の義務」とは，法文上は「法律上の」と規定されているが，契約上の守秘義務違反による開示を含むと解されている[(49), (50)]。

イ　具体例

具体例としては，(i)前記7号の具体例(i)(ii)におけるC会社（(i)A会社がB会社に対してノウハウのライセンスをしている場合に，自己図利目的を有するB会社の従業員Xから，A会社がB会社に対して開示した営業秘密の開示を受けたA会社の競合会社，(ii)A会社とB会社が共同開発を行っている場合に，A会社に対して加害目的を有するB会社の従業員Xから，A会社がB会社に対して開示した営業秘密の開示を受けたA会社の競合会社）が，XのC会社に対する開示が不正開示行為であることを知って，その営業秘密を取得する場合，または，前記7号の具体例(i)におけるC会社が，XのC会社に対する開示が不正開示行為であることを知らなかったものの，Xについて何らの調査も行わずに当該営業秘密を取得した場合，(ii)A会社の従業員Xが，職務発明を完成させ，特許を受ける権利をA会社が取得した後に，従業員XはA会社の職務発明規定に基づきその職務発明

---

(49)　前掲注(36)・小野編著589頁～590頁〔小野昌延＝平野惠執筆部分〕。

(50)　山本庸幸『要説　不正競争防止法〔第4版〕』（発明協会，2006年）178頁は，「法律上の」の解釈について，「『法律』を義務の種類を画する概念という程度に緩くとらえるにとどめて『義務違反』を中心に広く解釈し，およそ法律によって認められているような秘密保持に係る義務一般を含むと解するべきである。なぜなら，本号は，当事者間の信義則に著しく反する形態で外部に流出した営業秘密を悪意重過失で転得するような行為はそもそも法秩序を貫く公序良俗の精神に反するものと位置付けてその差止請求を認めようとするものであり，そうであるならば，法律上の守秘義務違反とは，信義則に著しく反するひとつの形態にほかならないからである。具体的には，……従業員の場合であれば雇用契約に付随する誠実義務の一環としての競業避止義務に……違反するような場合である」とされているため，この見解によれば，契約上の守秘義務違反も含まれているものと思われる。

の内容について守秘義務を負っているにもかかわらず，その守秘義務に違反して，A会社の競合会社であるB会社にその職務発明の内容を開示し，B会社がその職務発明の内容に基づいて製品の製造を行う場合が挙げられる。

ウ　知財高判平成30・1・15（平成29年（ネ）第10076号）

㋐　事案の概要

日本法人であるX（原告・控訴人）は，平成25年12月19日に，X製品の中国での販売について代理店契約を締結していた台湾企業A社に対して，中国企業B社向けの資料として，本件文書2の電子データをメールで送信し，その後，本件文書2は，B社に提供された。本件文書2は，原告製品について記載されているものであり，表紙がなく，4丁からなる書面であり，各丁には「Confidential」との記載があった。

Xは，平成26年11月13日，A社に対して，中国企業C社との打合せの際のX製品の紹介資料であるとして，本件文書1（以下本件文書1および本件文書2を総称して「本件文書」という）の電子データをメールで送信し，その後，A社はC社に対して，本件文書1の電子データをメールで送信した。本件文書1は，X製品の製品概要，仕様等が記載されているものであり，16丁からなる書面であり，各丁には「Confidential」との記載があった。

XとA社との間の代理店契約には秘密保持条項が設けられており，また，XはB社およびC社との間で，それぞれ本件文書の開示に先立ち，秘密保持契約を締結していた。

平成27年に，Xの競合会社である被告は，XによるX製品の製造，販売等が被告が保有する特許権を侵害するとして，2件の特許権侵害訴訟を提起し，また，仮処分命令の申立てをし，その中でX製品の動作，構造等を特定する証拠または疎明資料として本件文書を裁判所に提出した。

Xは，被告による裁判所への本件文書の証拠または疎明資料としての提出行為が，不正競争防止法2条1項8号に違反するとして，本件訴訟を提起した。

(イ) 判　旨[51]

　知財高裁は，①「重大な過失」について，「不競法2条1項8号所定の『重大な過失』とは，取引上要求される注意義務を尽くせば，容易に不正開示行為等が判明するにもかかわらず，その義務に違反する場合をいうものと解すべきである」とし，②本件文書について「いずれも原告が中国企業に対して原告製品を販売する目的で台湾の代理店及び中国企業に提供したものと認められる。また，その内容も，被告が自社の製品に取り入れるなどした場合に原告に深刻な不利益を生じさせるものであるとは認められない」等とした原審判決（東京地判平成29・7・12（平成28年（ワ）第35978号））を引用した上で，③「被控訴人が，本件各文書を取得するに当たり，本件各文書のConfidentialの記載以外に，本件各文書の保有者から，本件情報を秘密情報として扱うように指示されたり，秘密保持契約の締結を求められたり，あるいは，報酬や利益と引換えに本件各文書を得たなど，本件情報が秘密情報であることを疑うべき事実があったことを認めるに足りる証拠はない。そうすると，本件各文書のConfidentialの記載のみをもって，被控訴人において，本件各文書の取得に当たって，不正開示行為等であることについて重大な疑念を抱き，保有者に対し法的問題がないのかを問い合わせるなどして調査確認すべき取引上の注意義務があったとまではいえない」として，Yが「重大な過失により知らないで」本件文書を取得したとは認められないと判示した。

(7)　第9号

（定義）

第2条　この法律において「不正競争」とは，次に掲げるものをいう。

---

[51]　知財高判平成30・1・15（平成29年（ネ）第10076号）における準拠法の判断については，後記⑬(2)参照。

九　その取得した後にその営業秘密について営業秘密不正開示行為が
　あったこと若しくはその営業秘密について営業秘密不正開示行為が介
　在したことを知って，又は重大な過失により知らないでその取得した
　営業秘密を使用し，又は開示する行為

　2条1項9号の不正競争行為は，営業秘密を取得した後になって，その取得
が不正開示行為による取得であること，または，営業秘密を取得するまでに不
正開示行為が介在したことを知って，または，重大な過失により知らないで，
その営業秘密を使用または開示する行為である。なお，本号に該当する場合に
も，後記(8)の適用除外に該当しないかは別途検討する必要がある。
　具体例としては，A会社とB会社が共同開発を行う場合において，B会社の
従業員Xが，不正の利益を得る目的で，A会社がB会社に対して開示した営業
秘密を，A会社の競合会社であるC会社に対して多額の対価と引き換えに開示
し，C会社はXによる開示行為が不正開示行為であることを重過失なく知らな
かった場合において，その後にC会社がXによる不正開示行為を知ったにもか
かわらず，その営業秘密を使用してA会社のコピー製品を製造する場合が挙げ
られる。

(8)　2条1項4号～9号についての適用除外（19条1項6号）

（適用除外等）
第19条　第3条から第15条まで，第21条（第2項第7号に係る部分を除
　く。）及び第22条の規定は，次の各号に掲げる不正競争の区分に応じて
　当該各号に定める行為については，適用しない。
　六　第2条第1項第4号から第9号までに掲げる不正競争　取引によっ
　　て営業秘密を取得した者（その取得した時にその営業秘密について営

業秘密不正開示行為であること又はその営業秘密について営業秘密不
正取得行為若しくは営業秘密不正開示行為が介在したことを知らず，
かつ，知らないことにつき重大な過失がない者に限る。）がその取引
によって取得した権原の範囲内においてその営業秘密を使用し，又は
開示する行為

ア　趣　旨

　不正競争防止法では，第三者が営業秘密を取得した際には不正取得行為・不
正開示行為の事実について善意・無重過失でも，その第三者が事後的に悪意ま
たは重過失となった場合には，その第三者によるその営業秘密の使用または開
示を不正競争行為として位置づけている（同法2条1項6号・9号）。このよう
に不正競争防止法は，事後的に第三者が不正取得行為・不正開示行為の事実に
ついて悪意または重過失となった場合にまで営業秘密の保有者を保護している
が，これを何ら留保なく適用すれば，営業秘密に関する取引の安全を著しく害
することになりかねない。そこで，本規定により，一定の場合には，営業秘密
取得時に善意・無重過失であった者を保護することとしている。

イ　規定の内容

　本規定は，営業秘密を取引によって取得した者が，営業秘密取得時に，不正
開示行為であること，またはその営業秘密について不正取得行為もしくは不正
開示行為が介在したことについて善意・無重過失である場合には，その取引に
よって取得した権原の範囲内においてその営業秘密を使用し，または開示する
行為は不正競争行為に該当しない旨を規定している。
　「取引」とは，営業秘密の取得を目的とする営業秘密の譲渡，ライセンス取
引等をいうが，雇用が「取引」に該当するかについては争いがある。立法担当

152 ■ 第4章 秘密保持契約を検討する際に理解しておくべき，営業秘密・限定提供データ漏えいをめぐる民事裁判の争点

者は，取引という概念に通常雇用は入らないとしているが[52]，含まれるとする見解も有力である[53]。もし雇用が「取引」に該当しないとすると，たとえば，他社を退職した者を中途採用で雇用し，その結果として営業秘密に該当する技術情報を取得し，当該技術情報を社内の固定施設で用いている場合には，固定施設の使用が差し止められるという事態が生じ得る。

ウ　具体例

　A会社がB会社に対して技術のライセンスをし，その技術はA会社が独自に開発したものと説明し，B会社はこれを信用していたところ，その後に，実はその技術はC会社が独自に開発した技術であり，その技術をA会社がC会社から盗んでいたことをB会社が新聞報道で知った場合において，その後にB会社がその技術を引き続き使用する行為は，19条1項6号の規定により，2条1項6号は適用されず，B会社は，使用を継続することができる。

(9)　第10号

（定義）

第2条　この法律において，「不正競争」とは，次に掲げるものをいう。

　十　第4号から前号までに掲げる行為（技術上の秘密（営業秘密のうち，技術上の情報であるものをいう。以下同じ。）を使用する行為に限る。以下この号において「不正使用行為」という。）により生じた物を譲渡し，引き渡し，譲渡若しくは引渡しのために展示し，輸出し，輸入し，又は電気通信回線を通じて提供する行為（当該物を譲り受けた者（その譲り受けた時に当該物が不正使用行為により生じた物であることを知らず，かつ，知らないことにつき重大な過失がない者に限る。）

---

[52]　前掲注(24)・通商産業省知的財産政策室監修115頁。
[53]　前掲注(46)・渋谷20頁。

が当該物を譲渡し，引き渡し，譲渡若しくは引渡しのために展示し，
輸出し，輸入し，又は電気通信回線を通じて提供する行為を除く。）

2条1項10号の不正競争行為は，①営業秘密（2条6項）のうち技術上の情報について，②当該情報を使用することにより生じた物を，③譲渡等する行為である。ただし，④当該物を譲り受けた者が，当該物を譲り受けたときに，当該物が不正使用行為により生じたものであることを知らず，かつ，知らないことについて重大な過失がない場合には，当該者による行為には適用されない。以下，要件について説明した上で，具体例を挙げる。

ア 要 件

「重過失」の意味は，前記(3)を参照されたい。

本規定は，営業秘密のうち，技術上の営業秘密のみを対象としている。そのため，顧客名簿等の技術上の営業秘密ではない営業秘密は，本規定の対象外となる[54]。

また，当該情報を使用する行為により生じた物とは，技術上の営業秘密について，2条1項4号～9号の行為のうちの使用行為，すなわち，①不正取得した営業秘密の使用（4号），②不正取得行為の介在について，知り，または，重過失により知らないで取得（転得）した営業秘密の使用（5号），③営業秘密の取得後（転得後）に，不正取得行為の介在を知り，または，重過失により知らないで行う使用（6号），④第一次取得者が，営業秘密を図利・加害目的で行う使用（7号），⑤7号の図利・加害目的の開示行為，法律上の秘密保持義務違反となる開示行為，もしくは，不正開示行為の介在を知り，または，重過

---

[54] もっとも，たとえば，Xが顧客名簿を不正取得し，当該顧客名簿をより使用しやすくするために編纂し，編纂後の顧客名簿を，Xによる不正取得を知っているYに譲渡した場合には，編纂後の顧客名簿には依然として営業秘密である顧客情報が掲載されているため，Yが編纂後の顧客名簿を第三者に譲渡する行為は，2条1項5号の不正競争行為に該当する。

失により知らないで取得（転得）した営業秘密の使用（8号），⑥営業秘密の取得後（転得後）に，不正開示行為の介在を知り，または，重過失により知らないで行う使用により生産，製造等された物（以下「営業秘密侵害品」という）を指す。

本号の規制対象となる営業秘密侵害品とは，技術上の秘密を用いて製品を製造する行為により，製造された当該製品である。たとえば，「ある薬の組成物質の配合割合に関する営業秘密を用いて作られた薬」および「ある車の組み立て技術に関する営業秘密を用いて作られた車」が挙げられる[55]。

本号の主観的要件として，営業秘密侵害品の譲受け時点において悪意または重過失であることが要求されている。これは，取引の安定性等の観点から，善意無重過失で営業秘密侵害品を譲り受けた者については，民事措置の対象とすることは適当ではないとの配慮で付加された要件である[56]。

不正使用行為の消滅時効または除斥期間（15条）が経過した後に当該使用行為に基づいて生じた営業秘密侵害品の譲渡等の行為は適用除外となる（19条1項7号）。

イ　具体例

具体例としては，A会社の技術者が，B会社が管理している製品の製造方法が記載されている資料を盗みとり，A会社が当該製造方法により製品を製造した場合において，C会社がその製品を購入し，第三者に売却する行為である。ただし，A会社が製造した製品を購入した（譲り受けた）C会社が，その製品を譲り受けたときに，その製品が不正使用行為により生じたものであることを知らず，かつ，知らないことについて重大な過失がない場合には，本規定の対象外となる。

---

(55)　前掲注(22)・経済産業省知的財産政策室編101頁〜102頁。
(56)　前掲注(22)・経済産業省知的財産政策室編102頁。

⑽　まとめ

　不正競争防止法の営業秘密に関する不正競争行為（2条1項4号から10号まで）は，大きく3つに分けることができる。

　2条1項4号から6号までは，営業秘密の保有者からの第一次取得行為に不正がある場合である。(1)4号は，①営業秘密の不正取得行為，②不正取得した営業秘密の使用・開示行為，(2)5号は，①不正取得行為の介在について，知り，または，重過失により知らないで営業秘密を取得（転得）する行為，②当該取得（転得）した営業秘密の使用・開示行為，(3)6号は，営業秘密の取得後（転得後）に，不正取得行為の介在を知り，または，重過失により知らないで行う使用・開示行為である。

　2条1項7号から9号までは，営業秘密の保有者からの第一次取得行為は正当である場合である。(1)7号は，第一次取得者が，営業秘密を図利・加害目的で使用・開示する行為，(2)8号は，①7号の図利・加害目的の開示行為，法律上の秘密保持義務違反となる開示行為，もしくは，不正開示行為の介在を知り，または，重過失により知らないで営業秘密を取得（転得）する行為，②その取得（転得）した営業秘密の使用・開示行為，(3)9号は，営業秘密の取得後（転得後）に，不正開示行為の介在を知り，または，重過失により知らないで行う使用・開示行為である。

　2条1項10号は，2条1項4号から9号までに規定された「使用」により製造された製品等（営業秘密を使用した結果生じたもの）を譲渡等する行為である。

5

不正競争防止法に基づく
差止め（３条）

（差止請求権）
第３条　不正競争によって営業上の利益を侵害され，又は侵害されるおそ
　　れがある者は，その営業上の利益を侵害する者又は侵害するおそれがあ
　　る者に対し，その侵害の停止又は予防を請求することができる。
２　不正競争によって営業上の利益を侵害され，又は侵害されるおそれが
　　ある者は，前項の規定による請求をするに際し，侵害の行為を組成した
　　物（侵害の行為により生じた物を含む。第５条第１項において同じ。）
　　の廃棄，侵害の行為に供した設備の除却その他の侵害の停止又は予防に
　　必要な行為を請求することができる。

　不正競争行為によって営業上の利益を侵害され，または，侵害されるおそれ
がある場合には，侵害者または侵害するおそれがある者に対して，侵害の停止
または予防を請求することができる（１項）。また，当該請求とともに，侵害
の行為を組成した物の廃棄，侵害の行為に供した設備の除却等の侵害の停止ま
たは予防に必要な行為を請求することができる（２項）。
　３条２項の請求は，単独で請求することはできず，１項の停止・予防請求と
ともに請求しなければならない。廃棄請求等は，停止または予防請求権の具体
化措置を規定するものであって，図面，設計図，処方，ひな形，マニュアル，
顧客リスト等の営業秘密が化体する媒体，営業秘密に係るものを製作するため
の材料等の「侵害の行為を組成した物」，製品等の営業秘密に係る「侵害の行

為によって生じた」実施物，営業秘密を使用するための機械，装置等の「侵害の行為に供した設備」等，強制執行のために，ある程度特定して請求することが求められる[57]。

---

[57] 前掲注[25]・小野編著928頁〔南川博茂執筆部分〕。

6 不正競争防止法における損害・損害の推定規定（5条）

(1) はじめに

> **（損害賠償）**
> **第4条** 故意又は過失により不正競争を行って他人の営業上の利益を侵害した者は，これによって生じた損害を賠償する責めに任ずる。ただし，第15条の規定により同条に規定する権利が消滅した後にその営業秘密又は限定提供データを使用する行為によって生じた損害については，この限りでない。

　故意または過失により不正競争を行って営業上の利益を侵害された場合には，当該不正競争を行った者に対して損害賠償を請求することができる（不正競争防止法4条）。

　不正競争行為により侵害品が販売されると，正規製品の販売が減少し，営業上の利益が損なわれる。このような販売減少による損害は，侵害行為により喪失した販売数量に基づき算定されるが，この喪失販売数量は，一般に侵害品の販売数量のうち，もし侵害品がなければ原告がどれだけ販売し得たかによって計算される。しかし，この損害は，侵害者の営業努力，代替品の存在等，種々の事情によって影響を受けるため，その因果関係の立証は非常に困難である。この点は，基本的には営業秘密または限定提供データの侵害を理由とする不正

競争防止法違反に基づく請求と，特許法等に基づく請求で共通するものである。

　そこで，特許法等と同様に，営業秘密または限定提供データの不正競争行為に伴う損害についても不正競争防止法に損害の額の推定規定が定められている。もっとも，営業秘密または限定提供データに係る不正競争行為に伴う損害については，特許法等に基づく請求に比べて裁判例が少なく，どこまで特許法等に基づく請求の場合と同様に解釈されるかについては依然として議論があることに留意が必要である。

(2)　5条1項

（損害の額の推定等）

第5条　第2条第1項第1号から第16号まで又は第22号に掲げる不正競争（同項第4号から第9号までに掲げるものにあっては，技術上の秘密（秘密として管理されている生産方法その他の事業活動に有用な技術上の情報であって公然と知られていないものをいう。）に関するものに限る。）によって営業上の利益を侵害された者（以下この項において「被侵害者」という。）が故意又は過失により自己の営業上の利益を侵害した者に対しその侵害により自己が受けた損害の賠償を請求する場合において，その者がその侵害の行為を組成した物を譲渡したときは，その譲渡した物の数量（以下この項において「譲渡数量」という。）に，被侵害者がその侵害の行為がなければ販売することができた物の単位数量当たりの利益の額を乗じて得た額を，被侵害者の当該物に係る販売その他の行為を行う能力に応じた額を超えない限度において，被侵害者が受けた損害の額とすることができる。ただし，譲渡数量の全部又は一部に相当する数量を被侵害者が販売することができないとする事情があるときは，当該事情に相当する数量に応じた額を控除するものとする。

5条1項は，侵害者が，営業秘密または限定提供データを使用して製造等した物を譲渡した場合において，①譲渡数量に対して，②被侵害者がその侵害の行為がなければ販売することができた物の単位数量当たりの利益の額を乗じて得た額を，③被侵害者の当該物に係る販売その他の行為を行う能力に応じた額を超えない限度において，損害額と推定することができる，④ただし，譲渡数量の全部または一部に相当する数量を被侵害者が販売することができないとする事情があるときは，当該事情に相当する数量に応じた額が控除されるという規定である。ただし，営業秘密の侵害については，技術上の秘密（秘密として管理されている方法その他の事業活動に有用な技術上の情報であって公然と知られていないものをいう）についてのみ適用される。5条1項と同趣旨の規定が，特許法102条1項，実用新案法29条1項，意匠法39条1項，商標法38条1項等に規定されている。

④については，①②③に基づく損害賠償の算定方式に対して，損害賠償額を減額する事情として作用する。具体的には，侵害者の市場開発努力，広告等の営業努力，独自の販売形態，企業規模，ブランドイメージ，侵害品が低価格であること，侵害品の性能が優れていること，侵害品における侵害者側の技術等による売上寄与要因，市場における侵害品以外の代替品や競合品の存在等がある[58]。

(3)　5条2項

> 2　不正競争によって営業上の利益を侵害された者が故意又は過失により自己の営業上の利益を侵害した者に対しその侵害により自己が受けた損害の賠償を請求する場合において，その者がその侵害の行為により利益を受けているときは，その利益の額は，その営業上の利益を侵害された

---

[58]　前掲注(43)・金井ほか編著313頁〔岩谷敏昭執筆部分〕。

者が受けた損害の額と推定する。

　5条2項は，不正競争によって営業上の利益を侵害された者が，故意または過失により自己の営業上の利益を侵害した者に対しその侵害により自己が受けた損害の賠償を請求する場合において，侵害者がその侵害行為により利益を得ているときは，その利益の額が，営業秘密または限定提供データを侵害された者が受けた損害の額であると推定するとの規定である。5条2項は，5条1項とは異なり，すべての営業秘密に適用される。5条2項と同趣旨の規定が，特許法102条2項，実用新案法29条2項，意匠法39条2項，商標法38条2項等に規定されている。

　本項の規定の適用を受けるためには，被侵害者が，自ら同種の営業，商品の販売等を行っていることが必要となると解されている[59]。

(4)　5条3項

　3　第2条第1項第1号から第9号まで，第11号から第16号まで，第19号又は第22号に掲げる不正競争によって営業上の利益を侵害された者は，故意又は過失により自己の営業上の利益を侵害した者に対し，次の各号に掲げる不正競争の区分に応じて当該各号に定める行為に対し受けるべき金銭の額に相当する額の金銭を，自己が受けた損害の額としてその賠償を請求することができる。
　　三　第2条第1項第4号から第9号までに掲げる不正競争　当該侵害に係る営業秘密の使用
　　四　第2条第1項第11号から第16号までに掲げる不正競争　当該侵害に

---

[59]　前掲注(25)・小野編著1024頁～1026頁〔松村信夫執筆部分〕。

係る限定提供データの使用

4　前項の規定は，同項に規定する金額を超える損害の賠償の請求を妨げ
ない。この場合において，その営業上の利益を侵害した者に故意又は重
大な過失がなかったときは，裁判所は，損害の賠償の額を定めるについ
て，これを参酌することができる。

　5条3項は，不正競争行為によって営業上の利益を侵害された者は，故意ま
たは過失により自己の営業上の利益を侵害した者に対し，営業秘密または限定
提供データの使用に対し受けるべき金銭の額に相当する金銭（使用料相当額）を，
自己が受けた損害の額として請求することができることを規定している。5条
3項と同趣旨の規定が，特許法102条3項，実用新案法29条3項，意匠法39条
3項，商標法38条3項等に規定されている。

　このように，5条3項は，営業秘密または限定提供データについて，「使用」
により「受けるべき金銭の額」を損害額として請求することができるとしてい
るが，営業秘密または限定提供データの中にはさまざまなものがある。たとえ
ば，特許発明と同様に，ライセンス契約に基づき第三者に使用許諾されるもの
のように使用料率を算定しやすいものもあれば，顧客情報のように第三者に使
用許諾されることがほとんどないために使用料率を算定しにくいものもある。
したがって，営業秘密の使用料相当額の範囲に幅が生じることが当然予想され
るところであり，かつ，その算定基準も見出し難い。

　5条4項前段は，5条3項に規定する使用料相当額を超える損害の請求をす
ることは妨げられないことを注意的に規定したものである。

　また，5条4項後段は，侵害者が軽過失であった場合には，この事実を損害
の賠償額を定める際に参酌することができることを規定している。5条4項後
段と同趣旨の規定が，特許法102条4項後段，実用新案法29条4項後段，意匠
法39条4項後段，商標法38条4項後段等に規定されている。具体的には，本条
1項または2項が適用される結果，侵害行為態様の割には結果として賠償額が

巨額となってしまう場合に，裁判所の総合的な判断により賠償額が減額され得る。しかし，裁判所が5条4項後段に基づいて損害額を減額した例は多くないといわれる[60]。

---

[60] 前掲注[43]・金井ほか編著324頁～325頁〔岩谷敏昭執筆部分〕。

7 立証負担の軽減規定（5条の2）

(1) はじめに

営業秘密侵害訴訟の場面では，原告が，被告が原告の保有する営業秘密を不正に取得し，不正に使用したこと（使用していること）を立証することが求められる。しかし，これらの行為は秘密裡に行われることが多いために，原告がこれらを立証することは容易ではない。特に，使用行為については，被告側に証拠が偏在することが一般的であるため，原告が被告の使用事実を立証することが極めて困難である。また，技術上の営業秘密を不正に取得した者については，当該営業秘密を使用することが通常であるとの経験則が存在する(61)。

そこで，一定の技術上の営業秘密について，不正取得があった場合には，一定の要件下で被告の不正使用が推定されることになった。

(2) 5条の2の内容

（技術上の秘密を取得した者の当該技術上の秘密を使用する行為等の推定）
第５条の２　技術上の秘密（生産方法その他政令で定める情報に係るものに限る。以下この条において同じ。）について第２条第１項第４号，第

(61) 前掲注(22)・経済産業省知的財産政策室編178頁。

5号又は第8号に規定する行為（営業秘密を取得する行為に限る。）が
あった場合において，その行為をした者が当該技術上の秘密を使用する
行為により生ずる物の生産その他技術上の秘密を使用したことが明らか
な行為として政令で定める行為（以下この条において「生産等」とい
う。）をしたときは，その者は，それぞれ当該各号に規定する行為（営
業秘密を使用する行為に限る。）として生産等をしたものと推定する。

ア　当事者の立証事項

①生産方法等の技術上の営業秘密について，②2条1項4号，5号または8
号の行為のうちの不正取得行為，すなわち営業秘密の不正取得行為（4号），
不正取得行為の介在について，知り，もしくは，重過失により知らないで行う
営業秘密取得行為（5号），または，7号の図利・加害目的の開示行為，法律
上の秘密保持義務違反となる開示行為，もしくは，不正開示行為の介在を知り，
もしくは，重過失により知らないで行う営業秘密取得行為（8号）があった場
合において，③その不正取得行為をした者が，当該営業秘密の使用行為により
生ずる物の生産等をしたときは，④その者は，2条1項4号，5号または8号
の行為のうちの不正使用行為として，生産等をしたものと推定される[62]。要は，
原告が①②③を立証した場合には，被告の物に原告の営業秘密が使用されてい
ることが推定され，被告の側で原告の営業秘密を使用していないことを立証す
ることが求められる。被告側による立証としては，たとえば，被告は原告の提
訴に係る自社の製品の具体的製造方法を明らかにしたり，原告から営業秘密を

---

[62]　5条の2に類似する規定として，特許法104条（「物を生産する方法の発明について特
許がされている場合において，その物が特許出願前に日本国内において公然知られた物
ではないときは，その物と同一の物は，その方法により生産したものと推定する。」）が
挙げられる。特許法104条は，立証の難しい生産方法に関して，一定の場合に立証責任
を転換するものである。一般に，生産方法に関しては侵害者の工場内で行われることが
多く，侵害の発見が難しく，また，侵害が疑われる場合もその立証の難しいことが多い。
そのため，物の生産方法の特許に関しては，その物が日本国内において公然知られた物
でないときは，立証責任が転換され，当該特許方法で生産したものと推定され，侵害者
の方で侵害していないことの立証責任を負うこととなる（中山信弘『特許法〔第3版〕』
（弘文堂，2016年）397頁）。

取得した後には当該製品を製造していないことを示すことが想定される[63]。被告の側で原告の営業秘密を使用していないことを立証できなければ，不正競争防止法5条1項の損害額の推定規定（侵害行為組成物の譲渡数量×原告の利益率を損害額と推定）によって損害が推定されることとなった。

イ 技術上の秘密

本条が適用されるのは，「技術上の秘密」のうち，①生産方法，および，②その他政令で定める情報に限られる。

①生産方法には，物の生産に直接寄与する技術（自動車の組立技術，化学物質の生成技術等）のみならず，その生産工程におけるエネルギー，原材料の投入量等の効率化を図る技術，コストカット技術等も含まれる[64]。

②政令で定める情報とは，「情報の評価又は分析の方法（生産方法に該当するものを除く）」である（不正競争防止法第十八条第二項第三号の外国公務員等で政令で定める者を定める政令の一部を改正する政令[65] 1条）をいう。たとえば，血液中の特定の物質の量を化学的に分析し，特定の疾患である可能性を評価する方法が挙げられる[66]。

ウ 「第2条第1項第4号，第5号又は第8号に規定する行為（営業秘密を取得する行為に限る。）」

被告の使用行為が推定されるためには，2条1項4号，5号または8号の行為のうちの不正取得行為があったことが必要である。これに対して，2条1項6号，7号および9号の不正競争行為は，営業秘密の取得時点で，それが営業秘密であることについて悪意または重過失がないケースであり，営業秘密を不

---

[63] 前掲注⑳・経済産業省知的財産政策室編179頁。

[64] 前掲注⑳・経済産業省知的財産政策室編179頁。

[65] 本政令は，2018年9月4日に閣議決定し，同年9月7日に公布され，同年11月1日に施行されている。

[66] 産業構造審議会　知的財産分科会　不正競争防止小委員会（第5回）　配布資料3（平成29年10月3日産業構造審議会　知的財産分科会　不正競争防止小委員会「技術的な営業秘密の保護（不正使用の推定規定）」（http://www.meti.go.jp/shingikai/sankoshin/chiteki_zaisan/fusei_kyoso/pdf/005_03_00.pdf））。

正使用する蓋然性が相対的に低いと考えられるため，本条の対象外とされている[67]。

エ　物の生産等（生産その他技術上の秘密を使用したことが明らかな行為として政令で定める行為）

　被告の使用行為が推定されるためには，物の「生産等」がなされたことが必要である。「生産等」とは，物の生産その他技術上の秘密を使用したことが明らかな行為として政令で定める行為とされている。そして，政令で定める行為は，「法第2条第1項第10号に規定する技術上の秘密（情報の評価又は分析の方法（生産方法に該当するものを含む。）に係るものに限る。）を使用して評価し，又は分析する役務の提供」である（不正競争防止法第十八条第二項第三号の外国公務員等で政令で定める者を定める政令の一部を改正する政令2条）。たとえば，前記の評価方法（血液中の特定の物質の量を化学的に分析し，特定の疾患である可能性を評価する方法）を用いて行うことができる血液分析による特定疾患リスクの評価結果を提供するサービスが挙げられる。

オ　技術上の秘密を使用する行為により生ずる物の生産等をしたこと

　不正に取得された技術と全く関係のない製品の生産等についてまで営業秘密を不正に使用する行為が推定されることは不当である一方で，推定規定が適用される場面を著しく限定することは望ましくない。そこで，「技術上の秘密を使用する行為により生ずる物の生産等をしたこと」を要件として，対象となる営業秘密と侵害行為との間に一定の関連性があることが必要とされている。たとえば，生産方法については，被告が原告の営業秘密を用いて生産することのできる物を生産していること，すなわち，原告の営業秘密に属する技術を用いて製造される製品の機能，品質，コスト等の競合会社との差別化要因となり得る点において共通する物を被告が生産していることを意味する。そのため，現

---

[67]　前掲注(22)・経済産業省知的財産政策室編181頁。

に被告が営業秘密を用いて生産している物のみならず，その営業秘密を転用して実際に生産できる物であれば，推定規定の対象となる[68]。

(3)　５条の２の新設に対する懸念

　５条の２の被告の使用行為の推定規定の導入に対しては，同規定が入ることにより，不正に取得した営業秘密を基に類似製品を製造したメーカ等から逆に正規の製品を製造している者が訴えられるリスクが高まるのではないかとの懸念が示されている[69]。

　しかし，前記(2)のとおり，５条の２に基づいて被告の使用行為が推定されるためには，被告の不正取得が立証されることが必要である。前記のような事案においては，不正に取得した営業秘密を基に類似製品を製造したメーカ等が，正規の製品を製造している者が当該メーカ等の営業秘密を不正に取得した事実がないにもかかわらず，それを立証することができるとは考えにくい。

(4)　経過措置

　この５条の２の推定規定については，「不正競争防止法の一部を改正する法律」（平成27年法律第54号）の附則２条に，次の経過措置が設けられている。

（経過措置）
第２条　この法律による改正後の不正競争防止法第５条の２の規定は，この法律の施行前にこの法律による改正前の不正競争防止法（以下「旧法」という。）第２条第１項第４号，第５号又は第８号に規定する行為

---

[68]　本パラグラフにつき，前掲注(22)・経済産業省知的財産政策室編181頁。
[69]　横尾英博ほか「対談：技術流出と不正競争防止法改正」季刊　政策・経営研究　vol. 2・3（2015年）185頁〔肥塚直人発言〕。

(旧法第２条第６項に規定する営業秘密を取得する行為に限る。）があっ
た場合における当該営業秘密を取得する行為をした者については，適用
しない。

　この経過措置により，５条の２の推定規定は，平成28年１月１日より前に，
２条１項４号，５号または８号の行為のうちの不正取得行為，すなわち営業秘
密不正取得行為（４号），営業秘密不正取得行為の介在について，知り，もし
くは，重過失により知らないで行う営業秘密取得行為（５号），または，７号
の図利・加害目的の開示行為，法律上の秘密保持義務違反となる営業秘密開示
行為，もしくは，営業秘密不正開示行為の介在を知り，もしくは，重過失によ
り知らないで行う営業秘密取得行為（８号）があった場合におけるその営業秘
密を取得する行為をした者には適用されない。

8

具体的態様の明示義務（6条）

（具体的態様の明示義務）

第6条　不正競争による営業上の利益の侵害に係る訴訟において，不正競争によって営業上の利益を侵害され，又は侵害されるおそれがあると主張する者が侵害の行為を組成したものとして主張する物又は方法の具体的態様を否認するときは，相手方は，自己の行為の具体的態様を明らかにしなければならない。ただし，相手方において明らかにすることができない相当の理由があるときは，この限りでない。

(1)　6条本文

　6条は，不正競争行為により営業上の利益を侵害され，または侵害されるおそれがあると主張する者が侵害の行為を組成したものとして主張する物または方法の具体的態様を相手方が否認するときは，その相手方は，自己の行為の具体的態様を明らかにしなければならないと規定している。

　営業秘密または限定提供データの侵害訴訟においては，原告は，被告による不正競争行為を特定して侵害があった旨を主張しなければならないが，たとえば，原告の保有する物の製造方法の営業秘密が被告の工場内で使用されている場合には，原告の側で立証を行うことは容易ではない。そこで，不正競争防止法にも，特許法104条の2と同様の規定を設けることにより，原告のみならず，

被告側にも侵害行為の特定に積極的に関与させ，訴訟審理の促進・争点の明確化が図られた。

被告による具体的態様の明示としては，たとえば，営業秘密または限定提供データの不正取得，使用等において，被告の保有・使用する情報が，原告が特定する営業秘密または限定提供データと同じものか，それとも，被告固有の情報であるのかが問題になる場合がある[70]。

(2)　6条但書

6条但書では，「相手方において明らかにすることができない相当の理由があるときは，この限りではない」とされている。

この点に関し，相手方が具体的内容を明示するにあたり，自らの営業秘密または限定提供データを開示しなければならない場合に，6条但書が適用されるかが問題となる。この点については，平成16年の「裁判所法等の一部を改正する法律」により秘密保持命令制度が導入され，営業秘密が訴訟資料として開示された場合に一定の保護がなされるようになったことを踏まえると，営業秘密であるという一事をもって6条但書に該当して具体的態様の明示義務がなくなると考えるのは妥当ではないとされている[71]。

また，被告が原告の主張する侵害行為を全く行っておらず，原告の主張に対応するような具体的態様が存在しない場合があり得る。このような場合には，被告は，原告の主張を単純否認するしかなく，被告の具体的態様の明示は不可能であるため，もともと，本条の射程外であると考えるべきであると思われる。なぜなら，本条は，具体的態様を明示しようと思えばできる場合を想定したものというべきだからである[72]。

---

[70]　前掲注(25)・小野編著1071頁〔伊原友己執筆部分〕。
[71]　前掲注(48)・産業構造審議会　知的財産分科会　20頁。
[72]　前掲注(25)・小野編著1073頁〔伊原友己執筆部分〕。

9

書類提出命令（7条）

（書類の提出等）

第7条　裁判所は，不正競争による営業上の利益の侵害に係る訴訟においては，当事者の申立てにより，当事者に対し，当該侵害行為について立証するため，又は当該侵害の行為による損害の計算をするため必要な書類の提出を命ずることができる。ただし，その書類の所持者においてその提出を拒むことについて正当な理由があるときは，この限りでない。

2　裁判所は，前項本文の申立てに係る書類が同項本文の書類に該当するかどうか又は同項ただし書に規定する正当な理由があるかどうかの判断をするため必要があると認めるときは，書類の所持者にその提示をさせることができる。この場合においては，何人も，その提示された書類の開示を求めることができない。

3　裁判所は，前項の場合において，第1項本文の申立てに係る書類が同項本文の書類に該当するかどうか又は同項ただし書に規定する正当な理由があるかどうかについて前項後段の書類を開示してその意見を聴くことが必要であると認めるときは，当事者等（当事者（法人である場合にあっては，その代表者）又は当事者の代理人（訴訟代理人及び補佐人を除く。），使用人その他の従業者をいう。以下同じ。），訴訟代理人又は補佐人に対し，当該書類を開示することができる。

4　裁判所は，第2項の場合において，同項後段の書類を開示して専門的な知見に基づく説明を聴くことが必要であると認めるときは，当事者の

同意を得て，民事訴訟法（平成八年法律第百九号）第1編第5章第2節第1款に規定する専門委員に対し，当該書類を開示することができる。
5　前各項の規定は，不正競争による営業上の利益の侵害に係る訴訟における当該侵害行為について立証するため必要な検証の目的の提示について準用する。

　営業秘密または限定提供データの侵害訴訟における侵害行為，および，損害の立証の困難性から，当事者は，裁判所に対して，営業秘密または限定提供データの侵害行為を立証するため，および，侵害行為による損害の計算をするために必要な書類を相手方に提出するように命じることを求める申立てをすることができる。

　なお，条文上は明記されていないが，書類提出命令の申立てが認められるためには，営業秘密または限定提供データの侵害行為があったことについての合理的疑いが一応認められることが必要であると解される。

　高機能鋼板の製造プロセスに関する技術情報が漏えいしたとして，新日鐵住金が韓国のPOSCO社を提訴した事件（2012年提訴。2015年に和解金300億円の支払等を条件として和解）では，新日鐵住金による書類提出命令の申立てについて，「当事者間の衡平の観点から模索的な文書提出命令の申立ては許されるべきではないことや，当事者が文書提出命令に従わない場合の制裁の存在（民訴224条）等を考慮すると，そこにおける証拠調べの必要性があるというためには，その前提として，侵害行為があったことについての合理的疑いが一応認められることが必要であると解すべきである」とした上で，「現段階においては，本件技術情報の不正取得及び不正使用があったことの合理的疑いが一応認められるというべきである」として，新日鐵住金の申立てを認めている（東京地決平成27・7・27判タ1419号367頁）。

　裁判所の書類提出命令に対しては，その所持者に提出を拒む「正当な理由」があるときは，提出を拒むことができる（7条1項但書）。提出を拒む「正当な

理由」の存否については，営業秘密であればただちに提出義務が生じなくなるわけではなく，営業秘密を開示することにより書類所持者が受ける不利益と，書類が提出されないことにより訴訟当事者が受ける不利益とを比較衡量して判断されることになる[73]。前記の新日鐵住金による書類提出命令の申立てについて，「営業秘密の保護に関しては，民事訴訟法及び不正競争防止法上の手当がなされていること，及び申立人と相手方との間には，平成26年7月16日付け秘密保持契約が締結されていることなどからすれば，本件文書に相手方の営業秘密を含むものがあってもそれだけでは原則として上記正当な理由には当たらないと解すべきであ」ると判示している（東京地決平成27・7・27判タ1419号367頁）。

　裁判所は，必要があると認めるときは，当該書類の所持者に提出を拒む「正当な理由」があるかを判断するために，所持者に当該書類を提示させて，裁判所のみが内容を確認する手続（インカメラ審理手続）を行うことができる（2項）。

　このようにインカメラ審理手続では裁判所のみが当該書類を確認するが，侵害行為の立証の容易化と営業秘密の保護とのバランスを図る観点から，正当な理由があるかどうかについては，提示された書類を開示して意見を聴くことが必要であると認める場合には，裁判所の裁量により，当事者等，訴訟代理人または補佐人に対して，当該書類を開示することができる（3項）。この際には，裁判所が当事者等に対して，秘密保持命令（10条）を発する可能性がある[74]。

　物を生産する方法に係る営業秘密侵害訴訟の場合，対象となる製造装置等を裁判所に持ち込んで調べたり，相手方の工場内において製造装置を調べたりすること（検証）が必要な場合もあるため，検証物の提示についても書類提示の場合の規定を準用し，「正当な理由」の観点から，提示義務の有無を判断することとされている[75]。

---

[73]　前掲注(22)・経済産業省知的財産政策室編189頁。
[74]　秘密保持命令の内容については，後記⑪を参照されたい。
[75]　前掲注(22)・経済産業省知的財産政策室編190頁〜191頁。

10

閲覧等制限（民事訴訟法92条）

（秘密保護のための閲覧等の制限）

第92条　次に掲げる事由につき疎明があった場合には，裁判所は，当該
当事者の申立てにより，決定で，当該訴訟記録中当該秘密が記載され，
又は記録された部分の閲覧若しくは謄写，その正本，謄本若しくは抄本
の交付又はその複製（以下「秘密記載部分の閲覧等」という。）の請求
をすることができる者を当事者に限ることができる。

一　訴訟記録中に当事者の私生活についての重大な秘密が記載され，又
は記録されており，かつ，第三者が秘密記載部分の閲覧等を行うこと
により，その当事者が社会生活を営むのに著しい支障を生ずるおそれ
があること。

二　訴訟記録中に当事者が保有する営業秘密（不正競争防止法第２条第
６項に規定する営業秘密をいう。第132条の２第１項第３号及び第２
項において同じ。）が記載され，又は記録されていること。

(1)　はじめに

　憲法82条により裁判の公開の原則が定められている。そして，「何人も，裁
判書記官に対し，訴訟記録の閲覧を請求することができる」（民事訴訟法91条１
項）として，誰でも，自由に訴訟記録を閲覧することができることに加えて，

第三者が利害関係を疎明すれば，閲覧に加えて，謄写をすることも認められている（民事訴訟法91条3項）。

しかし，営業秘密侵害訴訟のように，準備書面，証拠等に営業秘密を記載しなければならない場合においても第三者による閲覧等が制限されないのであれば，営業秘密の侵害を訴える訴訟を行ったが故に被告以外の競合会社にも営業秘密を知られてしまう等の不利益が生じ得る。そこで，一定の条件の下，訴訟記録の閲覧等の制限（以下「閲覧等制限」という）を行うことが認められている（同法92条）。

実際，営業秘密侵害訴訟においては，準備書面，証拠等に営業秘密が含まれる場合も少なくなく，そのような場合には閲覧等制限の申立てを行う必要がある（同法92条）。

(2)　要件と効果

閲覧等制限が認められるのは，①訴訟記録中に当事者の私生活についての重大な秘密が記載され，または記録されており，かつ，第三者が秘密記載部分の閲覧等を行うことにより，その当事者が社会生活を営むのに著しい支障を生ずるおそれがあること（民事訴訟法92条1項1号），または，②訴訟記録中に当事者が保有する営業秘密が記載され，または記録されている場合（2号）のいずれかの事由に該当することについての疎明[76]があった場合である（民事訴訟法92条）。営業秘密侵害訴訟においては，通常は②に基づいて閲覧等制限を申し立てることとなるので，準備書面，証拠等に営業秘密が含まれていることを疎明する必要がある。

そして，準備書面，証拠等のうち，一定の箇所が営業秘密であることを疎明

---

[76]　疎明とは，一応確からしいとの事実の蓋然性判断であり，またはこれを生ぜしめる当事者の資料提出行為をいう。これに対して，証明は，要証事実の存否の判断について，裁判官に確信を生ぜしめる状態，またはそのための当事者の証拠提出行為をいう。証明と疎明とは，裁判官の心証の程度を基準として，区別されている（中野貞一郎ほか『新民事訴訟法講義〔第3版〕』（有斐閣，2018年）308頁～309頁）。

することにより閲覧等制限の申立てが認められ，閲覧等制限決定がなされれば，当該箇所について第三者は閲覧等をすることができなくなる（民事訴訟法92条1項）。この決定はただちに確定するが，当該決定の対象部分の閲覧等をしようとする第三者は，閲覧等制限の要件を欠くこと，または，閲覧等制限の要件を欠くに至ったことを理由として，記録の存する裁判所に対し，当該閲覧制限等決定の取消しの申立てを行うことはできる（同法92条3項）。一方，閲覧等制限の申立てが却下された場合には，申立人は，即時抗告をすることができる（同法92条4項）。

また，閲覧等制限決定がなされた場合には，相手方当事者は，本来知ることができない相手方の秘密情報を，訴訟追行のために特別に知り得たものであるといえるから，当該知り得た秘密を保持し，訴訟追行以外の目的で無断で使用してはならないという私法上の義務を負うものと考えられる。そして，当該情報を第三者に漏らした場合，当該情報を相手方に無断で利用したりした場合等には，民法709条の不法行為が成立し，損害賠償義務を負うことになると考えられる[77]。

(3) 手 続

閲覧等制限の申立ては，当事者が，書面により，かつ，訴訟記録中の秘密記載部分を特定して行うことが必要である（民事訴訟規則34条1項）。

閲覧等制限の申立てがなされると，閲覧等制限についての裁判が確定するまでは，第三者は，閲覧等制限を申し立てられた箇所の閲覧をすることができなくなる（民事訴訟法92条2項）。逆にいえば，準備書面，証拠等を提出した後，閲覧等制限の申立てがなされるまでは，誰でも当該準備書面，証拠等を閲覧することができる状態になる。そのため，閲覧等制限の申立ては，できる限り対象となる準備書面，証拠等の提出と同時に行うことが望ましい。

---

[77] 本パラグラフにつき，法務省民事局参事官室『一問一答 新民事訴訟法』（商事法務，1996年）98頁。

また，判決がなされるときにも，判決に引用される事実関係や証拠について閲覧等制限を申し立てないと，判決を閲覧することができる状態になってしまう（特に，営業秘密侵害訴訟を含め知財事件については，判決後，すぐに裁判所ウェブサイトにおいて公開される可能性もある）ので，注意が必要である。

11

秘密保持命令（10条）

（秘密保持命令）

第10条　裁判所は，不正競争による営業上の利益の侵害に係る訴訟において，その当事者が保有する営業秘密について，次に掲げる事由のいずれにも該当することにつき疎明があった場合には，当事者の申立てにより，決定で，当事者等，訴訟代理人又は補佐人に対し，当該営業秘密を当該訴訟の追行の目的以外の目的で使用し，又は当該営業秘密に係るこの項の規定による命令を受けた者以外の者に開示してはならない旨を命ずることができる。ただし，その申立ての時までに当事者等，訴訟代理人又は補佐人が第一号に規定する準備書面の閲読又は同号に規定する証拠の取調べ若しくは開示以外の方法により当該営業秘密を取得し，又は保有していた場合は，この限りでない。

一　既に提出され若しくは提出されるべき準備書面に当事者の保有する営業秘密が記載され，又は既に取り調べられ若しくは取り調べられるべき証拠（第7条第3項の規定により開示された書類又は第13条第4項の規定により開示された書面を含む。）の内容に当事者の保有する営業秘密が含まれること。

二　前号の営業秘密が当該訴訟の追行の目的以外の目的で使用され，又は当該営業秘密が開示されることにより，当該営業秘密に基づく当事者の事業活動に支障を生ずるおそれがあり，これを防止するため当該営業秘密の使用又は開示を制限する必要があること。

(1) はじめに

前記⑩(1)のとおり，裁判は公開が原則であるが，営業秘密侵害訴訟では，準備書面，および，証拠に営業秘密を記載しなければならないため，営業秘密の漏えいが懸念される。この点については，前記⑩のとおり，閲覧等制限の決定を得ることにより第三者による訴訟記録の閲覧等を防ぎ，また，不正競争防止法による差止請求，損害賠償請求等による救済も図られ得る。

しかし，閲覧等制限は第三者による閲覧等を制限するための制度であり，当事者等[78]，訴訟代理人および補佐人による利用等を直接的に規制するものではないため，営業秘密の保護としては不十分であるとして，平成16年の改正により秘密保持命令制度が導入された。秘密保持命令制度は，準備書面または証拠に営業秘密が含まれている場合において，それらの営業秘密が当該訴訟の追行以外の目的で使用され，またはそれらの営業秘密が開示されることにより，当該営業秘密に基づく当事者の事業活動に支障を生ずるおそれがあるときに，当事者の申立てにより，裁判所が決定で，秘密保持命令の名宛人（当事者等，訴訟代理人または補佐人）に対して，それらの営業秘密を当該訴訟の追行以外の目的で使用し，または秘密保持命令を受けた者以外の者に対して開示することを禁じるものである。

(2) 要　件

秘密保持命令の申立人は，①準備書面に当事者の保有する営業秘密が記載され，または証拠の内容に当事者の保有する営業秘密が含まれていること（10条1項1号），および，②当該営業秘密が当該訴訟の追行の目的以外の目的で使

---

[78] 「当事者等」とは，「当事者（法人である場合にあっては，その代表者）又は当事者の代理人（訴訟代理人及び補佐人を除く。），使用人その他の従業者」をいう（7条3項括弧書）。

用され，または開示されることにより，当該営業秘密に基づく当事者の事業活動に支障を生ずるおそれがあり，これを防止するため当該営業秘密の使用または開示を制限する必要があること（同条同項2号）を疎明することが必要である。

「準備書面」には，訴状は含まれない。訴状が秘密保持命令の対象から外されているのは，訴状の副本は被告宛ての郵便によって送達されるものであり，その段階で仮に秘密保持命令をかけたとした場合，訴状を受け取った被告本人や代表者本人は，訴状を弁護士，従業員，家族等の誰にも示すことができず，応訴態勢を整えることができないからである。また，訴状が送達された場合に，誰が封書を切って見るかがわからないため，訴状段階で秘密保持命令をかけることは実際的ではないからである[79]。

また，秘密保持命令の申立時までに当事者等，訴訟代理人または補佐人が10条1項1号に規定する準備書面の閲読または同号に規定する証拠の取調べもしくは開示以外の方法により当該営業秘密を取得し，または保有していた場合に該当する場合には，秘密保持命令は認められない（10条1項但書）。

たとえば，A会社の従業員Xが，A会社の営業秘密を不正に取得し，A会社の競合会社であるB会社に提供し，その後にA会社がB会社に対して訴訟提起した場合には，訴訟提起前からB会社が当該営業秘密を知っていることが前提となっているものであるから，秘密保持命令の対象にはならない[80]。これに対して，たとえば，A会社の従業員Xが営業秘密①を，A会社の従業員Yが営業秘密②を，それぞれ不正に取得してB会社に提供し，その後にA会社が，（Yは被告とせずに）B会社とXを共同被告として訴訟提起した場合において，A会社が営業秘密②の内容の証拠を提出する場合には，前記のとおり，B会社に対する秘密保持命令の対象とはならないが，Xに対する秘密保持命令の対象にはなり得る。

---

[79]　本パラグラフにつき，前掲注[25]・小野編著1134頁〔伊原友己執筆部分〕。
[80]　知的財産裁判実務研究会『改訂版　知的財産訴訟の実務』（法曹会，2014年）237頁〔中村恭執筆部分〕。

(3) 効 果

　秘密保持命令の名宛人になり得るのは，当事者等，訴訟代理人または補佐人である。

　秘密保持命令の名宛人になった者は，①対象となった営業秘密を当該訴訟の追行の目的以外の目的で使用すること，②当該営業秘密に係る10条1項の規定による命令を受けた者以外の者に開示することが禁止される。ただし，秘密保持命令によっても第三者による訴訟記録の閲覧等が当然に制限されるわけではないために，別途，閲覧等制限を申し立てる必要がある点に留意が必要である。

　秘密保持命令によって禁止されるのは，営業秘密（情報）自体の使用・開示であり，営業秘密が記載された準備書面および証拠についてのみ使用・開示が禁止されるわけではない。そのため，秘密保持命令が発令された後，秘密保持命令の対象とされる秘密と同一の事項を主張する準備書面が提出された場合には，当然にその準備書面の記載部分を開示することも禁止される[(81), (82)]。

　秘密保持命令は，秘密保持命令を受けた者に対する決定書の送達がされた時から効力が生じ（10条4項），秘密保持命令が取り消されない限り[(83)]，守秘義務を負い続けることになる。

　秘密保持命令に違反した者は，5年以下の懲役もしくは500万円以下の罰金，またはこれを併科するものとされている（21条2項6号）。また，両罰規定として3億円以下の罰金が科される（22条1項3号）。秘密保持命令違反は，被害者の告訴を訴訟条件とする親告罪であり（21条5項），行為者に対する告訴の効力は法人に対しても及ぶ（22条2項）。

---

(81)　髙部眞規子「知的財産権訴訟における秘密保護手続の現状と課題」ジュリ1317号（2006年）193頁。

(82)　これに対して，閲覧等制限は，準備書面，証拠ごとに申立てを行う必要がある（民事訴訟法91条）。

(83)　秘密保持命令については，秘密保持命令の取消しの申立てを行い，取消決定がなされ，当該決定が確定したときに，効力を失う（12条1項，4項）。

⑷　運用の実態と秘密保持契約の活用

　秘密保持命令が発令されるケースはそれほど多くはない[84]。秘密保持命令の利用が活発ではない理由として，秘密保持命令違反に対して刑事罰が科されること，名宛人の訴訟追行における負担が大きいこと等が挙げられる[85], [86]。

　営業秘密に係る証拠の内容を当事者本人に知らせず，訴訟代理人のみに限り当該証拠を開示するという当事者間の契約も，弁論主義の下における証拠契約として有効であると解されている[87]。そのため，実務としては，より負担が小さく，柔軟な対応が可能である訴訟当事者間での秘密保持契約を締結することにより対応することもあり，実際，秘密保持契約が締結されるケースも少なくない。

---

[84]　秘密保持命令は，施行日である2005年4月1日から2012年末までに，東京地裁で26件が申し立てられ，そのうち認容されたものは14件であり，大阪地裁での発令件数は1件であり，知財高裁での申立てがなされた事例はないとのことである（小田真治「秘密保持命令の運用の実情」L＆T59号（2013年）6頁）。

[85]　伊原友己「秘密保持命令制度の功罪」『知的財産権侵害訴訟の今日的課題　村林隆一先生傘寿記念』（青林書院，2011年）43頁～47頁。

[86]　（特許権侵害訴訟を念頭においたものであるが，）秘密保持命令の名宛人には技術者が含まれない可能性が高いため，秘密保持命令の対象となる営業秘密に基づく検討を名宛人のみで（技術者抜きで）行わざるを得ないことが多いという問題も指摘されている（牧野和彦「秘密保持命令及び秘密保持命令取消決定の実務上の問題点—名宛人となった経験から—」AIPPI 9巻55号（2010年）12頁～13頁）。

[87]　前掲注[81]・髙部196頁。

12

国際裁判管轄

(1)　はじめに

　日本企業が，海外企業を相手方として，営業秘密または限定提供データの侵害訴訟を提起する場合には，そもそも，日本の裁判所に対して提訴することができるのか（日本の裁判所が国際裁判管轄を有しているのか）が問題となる。

　日本の裁判所が国際裁判管轄を有するか否かは，民事訴訟法3条の2以下の規定等により決まる。そこで，以下では，日本企業が，海外企業を相手方として，営業秘密または限定提供データの侵害訴訟を提起する場合に，日本の裁判所が国際裁判管轄を有することの根拠になり得る条項について説明した上で（後記(2)〜(7)），これらのいずれかに該当するとしても管轄が認められない場合（後記(8)）について説明する。

　なお，日本企業が海外企業を日本で提訴して，日本の裁判所の勝訴判決を得たものの，海外企業が当該日本の判決に従わない場合において，日本企業が日本国外（たとえば，海外企業の所在地国）での執行を行おうとするときは，日本企業は，当該国の裁判所に判決の承認および執行の手続を行うことが必要である。そして，当該判決の承認および執行を認めるか否かは，当該国の裁判所の判断による。このように，日本の裁判所の勝訴判決を得たとしても，必ずしも日本国外での執行が認められるわけではない点に留意が必要である。

(2)　被告の住所地管轄（民事訴訟法３条の２第３項）

（被告の住所等による管轄権）

第３条の２

3　裁判所は，法人その他の社団又は財団に対する訴えについて，その主たる事務所又は営業所が日本国内にあるとき，事務所若しくは営業所がない場合又はその所在地が知れない場合には代表者その他の主たる業務担当者の住所が日本国内にあるときは，管轄権を有する。

　被告の主たる事務所または営業所が日本国内にあるときは，日本の裁判所に国際裁判管轄が認められる。本規定は，訴えの内容にかかわらずに管轄を認めるものである。

(3)　財産所在地管轄（民事訴訟法３条の３第３号）

（契約上の債務に関する訴え等の管轄権）

第３条の３　次の各号に掲げる訴えは，それぞれ当該各号に定めるときは，日本の裁判所に提起することができる。

　三　財産権上の訴え

　　　請求の目的が日本国内にあるとき，又は当該訴えが金銭の支払を請求するものである場合には差し押さえることができる被告の財産が日本国内にあるとき（その財産の価額が著しく低いときを除く。）。

　営業秘密または限定提供データの侵害訴訟において，損害賠償を請求している場合には，被告の財産が日本国内に所在していれば，日本の裁判所が国際裁

判管轄を有する。ただし，その財産の価額が著しく低い場合は除かれる。この「低い」という要件は，絶対額として日本での訴訟コストを賄うに十分足りるものであるか，または，その額に足りなくても，請求額との関係で相対的に大きな割合の額であれば満たされると解される[88]。

(4) 継続的事業活動地管轄（民事訴訟法３条の３第５号）

（契約上の債務に関する訴え等の管轄権）

第３条の３　次の各号に掲げる訴えは，それぞれ当該各号に定めるときは，日本の裁判所に提起することができる。

五　日本において事業を行う者（中略）に対する訴え

当該訴えがその者の日本における業務に関するものであるとき。

被告が，不正取得した営業秘密または限定提供データに関する事業を日本で展開している場合等には，日本の裁判所が国際裁判管轄を有する。このような場合に国際裁判管轄が認められるのは，以下の理由からである。

まず，今日では，業態によっては日本に物理的な拠点を置くことなく国際ビジネスが可能となっているため，事務所・営業所の所在に固執することは実態に沿わない[89]。

次に，会社法における外国会社規制との関係でも，本規定が必要となる。平成14年の商法改正により外国会社について営業所の設置義務が廃止された。そして，現在は，営業所の存否にかかわらず，日本における代表者を定めなければならず，日本における代表者のうち１人以上は日本に住所を有するものでなければならないこととされ（会社法817条１項），外国会社の日本における代表者は，当該外国会社の日本における業務に関する一切の裁判上または裁判外の

---

[88]　澤木敬郎＝道垣内正人『国際私法入門〔第８版〕』（有斐閣双書，2018年）276頁。
[89]　前掲注[88]・澤木＝道垣内277頁。

行為をする権限を有することとされている（同条2項）。その結果，現在，日本において取引を継続しようとする外国会社には，営業所を設置しているものと，営業所を設置せずに日本における代表者を定めているものとが存在する。そのため，営業所を設置している外国会社については本条4号が適用されるのに対して，営業所を設置していない外国会社には本条4号が適用されないこととなる。しかし，営業所を設置していない外国会社についても，同様に，その者の日本における業務に関する訴えについては，日本の裁判所に提起できる必要がある[90]。

さらに，営利事業を営む外国会社に限らず，日本において事業を行う外国の個人，社団および財団についても同様の趣旨が当てはまるため，これらの者の日本における業務に関する訴えについても，日本の裁判所に提起できる必要がある[91]。

(5)　不法行為地管轄（民事訴訟法3条の3第8号）

> （契約上の債務に関する訴え等の管轄権）
> 第3条の3　次の各号に掲げる訴えは，それぞれ当該各号に定めるときは，日本の裁判所に提起することができる。
> 八　不法行為に関する訴え
> 　　不法行為があった地が日本国内にあるとき（外国で行われた加害行為の結果が日本国内で発生した場合において，日本国内におけるその結果の発生が通常予見することのできないものであったときを除く。）。

---

(90)　加藤新太郎＝松下淳一編『新基本法コンメンタール　民事訴訟法1』（日本評論社，2018年）25頁〔日暮直子執筆部分〕。
(91)　前掲注(90)・加藤＝松下25頁〔日暮直子執筆部分〕。

被告が日本国内で不法行為を行ったときは，日本の裁判所が国際裁判管轄を有する。「不法行為があった地」が管轄原因とされるのは，そこに事件に関する証拠が所在していることが多いからである。不法行為地には，加害行為地と結果発生地の両方が含まれる[92]。そのため，被告による加害行為地または結果発生地のいずれかが日本国内にあれば，日本の裁判所が国際裁判管轄を有することとなる。

ただし，「外国で行われた加害行為の結果が日本国内で発生した場合において，日本国内におけるその結果の発生が通常予見することのできないものであったとき」には，管轄原因にならない（本号括弧書）。これは，被告の予見可能性を担保するために，日本の裁判所が国際裁判管轄を有する場合に限定を加えたものである[93]。

(6) 併合請求における管轄（民事訴訟法３条の６）

> **（併合請求における管轄権）**
>
> **第３条の６** 一の訴えで数個の請求をする場合において，日本の裁判所が一の請求について管轄権を有し，他の請求について管轄権を有しないときは，当該一の請求と他の請求との間に密接な関連があるときに限り，日本の裁判所にその訴えを提起することができる。ただし，数人からの又は数人に対する訴えについては，第38条前段に定める場合に限る。

本条は併合請求における管轄を規定したものである。併合請求には，一の被告に対する一の訴えで複数の請求をする客観的併合と，複数の被告に対する訴えで１つの請求をする主観的併合がある。

客観的併合については，原告にとっては紛争を一の訴訟手続で解決できる利

---

(92) 前掲注(88)・澤木＝道垣内280頁。
(93) 前掲注(88)・澤木＝道垣内281頁。

益があり，被告にとっても一の請求に対しては応訴せざるを得ない以上，他の請求について応訴することはそれほどの負担ではないと思われるため，合理的であるとされている。これに対して，主観的併合は，本来であれば日本では訴えられないはずの者に，他の被告とあわせて被告とされることにより日本での応訴を強いることになるため，酷な場合が少なくない。そのため，民事訴訟法38条前段に定める場合（「訴訟の目的である権利又は義務が数人について共通であるとき，又は同一の事実上及び法律上の原因に基づくとき」）でなければならないとされている[94]。

　たとえば，日本企業であるＡ会社の元従業員Ｘが，Ａ会社の営業秘密を不正に取得して，海外のＢ会社に提供した場合において，Ａ会社がＸおよびＢ会社を共同被告として日本の裁判所に提訴したときは，Ｘに対する裁判管轄が認められれば，本条によってＢ会社に対する国際裁判管轄も認められ得る。

(7)　応訴管轄（民事訴訟法３条の８）

（応訴による管轄権）
第３条の８　被告が日本の裁判所が管轄権を有しない旨の抗弁を提出しないで本案について弁論をし，又は弁論準備手続において申述をしたときは，裁判所は，管轄権を有する。

　本条は応訴による管轄（応訴管轄）を規定したものである。応訴管轄が認められる理由は，本来であれば，提訴された訴えについてわが国が国際裁判管轄を有しない事件であっても，被告が応訴してわが国での本案審理に応じる意思を示したならば，わが国の国際裁判管轄を認めても被告保護の観点からは問題がないからである。また，後の段階になって被告が国際裁判管轄を争えるとす

---

[94]　本パラグラフにつき，前掲注[88]・澤木＝道垣内297頁～298頁。

れば，それまでの訴訟活動・審理が無駄となる等，原告や裁判所にとって不利益が生じるからである[95]。

(8) 特別事情による訴えの却下（民事訴訟法３条の９）

（特別の事情による訴えの却下）

第３条の９　裁判所は，訴えについて日本の裁判所が管轄権を有することとなる場合（日本の裁判所にのみ訴えを提起することができる旨の合意に基づき訴えが提起された場合を除く。）においても，事案の性質，応訴による被告の負担の程度，証拠の所在地その他の事情を考慮して，日本の裁判所が審理及び裁判をすることが当事者間の衡平を害し，又は適正かつ迅速な審理の実現を妨げることとなる特別の事情があると認めるときは，その訴えの全部又は一部を却下することができる。

本条は，前記(2)～(7)のとおり，民事訴訟法３条の２以下の規定等により日本の裁判所が国際裁判管轄を有することとなる場合であっても，「特別の事情」がある場合には，訴えの一部または全部が却下される旨を規定している。

「特別の事情」の有無は，「事案の性質，応訴による被告の負担の程度，証拠の所在地その他の事情を考慮して」判断されるところ，「事案の性質」とは，紛争に関する客観的事情（請求の内容，契約地，事故発生地等），「応訴による被告の負担の程度」とは，当事者に関する事情（被告の応訴の負担，当事者の予測可能性等），「証拠の所在地」とは証拠の所在，証拠調べの便宜等が例示されたものであり，その他の考慮要因として，その請求についての外国裁判所の管轄権の有無，外国裁判所における同一または関連事件の係属等の事情が挙げられる[96]。

---

[95]　本パラグラフにつき，中西康ほか『国際私法〔第２版〕』（有斐閣，2018年）165頁。

[96]　前掲注(90)・加藤＝松下編33頁〔日暮直子執筆部分〕。

最判平成28・3・10民集70巻3号846頁は，日本法人とその取締役（以下「X
ら」という）が，米国法人Yがウェブサイトに掲載した記事によって名誉等を
毀損された等と主張して，Yに対して，不法行為に基づく損害賠償を請求した
事案[97] について，①本件が，すでに米国の裁判所に訴訟が係属していた紛争
から派生したものであること，②想定される争点についての証拠方法が主に米
国に所在すること，③XらおよびYは，Yの経営に関する紛争については米国
で交渉，提訴等がされると想定していたこと，④Xらが本件訴えに係る請求の
ための訴訟を米国で提起し，追行することが，Xらに過大な負担を課すること
になるとはいえないこと，⑤主に米国に所在する前記の証拠を日本の裁判所に
おいて取り調べることは，Yに過大な負担を課することになるといえることか
ら，「特別の事情」があるとして，Xらの訴えを却下すべきであるとした原審
の判断を維持している。

---

[97] この事案では，米国法人であるYが記事をウェブサイトに掲載することにより，Xら
の名誉等の毀損という結果が日本国内で発生したといえるから，「特別の事情」（民事訴
訟法3条の9）がなければ，同法3条の3第8号に基づいて日本の裁判所が管轄を有す
ることとなる。

192 ■ 第4章　秘密保持契約を検討する際に理解しておくべき,営業秘密・限定提供データ漏えいをめぐる民事裁判の争点

13

準 拠 法

(1) はじめに

　前記⑫のとおり，日本企業が，海外企業を相手方として，営業秘密または限定提供データの侵害訴訟を提起する場合には，そもそも，日本の裁判所が国際裁判管轄を有するかが問題となる。また，日本の裁判所が国際裁判管轄を有する場合，どこの国の法律が適用されるか（準拠法）が問題となる。

(2) 営業秘密または限定提供データの侵害に対する通則法の適用

　準拠法は，法の適用に関する通則法（以下「通則法」という）によって定まる。

　通則法には，営業秘密または限定提供データの侵害等の不正競争行為について特別の規定を設けていないが，営業秘密侵害のように特定の者に対する行為が問題となる類型については，通常の不法行為と同様に準拠法を決定すべきである[98]。知財高判平成30・1・15（平成29年（ネ）第10076号）[99]も，「控訴人は,被控訴人が本件各文書を台湾企業である●●●又は中国企業である●●●●及び●●●より，日本国外において，不正開示行為等であることを重大な過失に

---

[98]　櫻田嘉章＝道垣内正人編『注釈国際私法　第1巻』（有斐閣，2011年）450頁〔山口美恵子執筆部分〕。
[99]　事案については，前記④(6)ウ(ア)を参照されたい。

より知らないで当該情報を取得等したと主張しており，渉外的要素を含むものであるから，その準拠法を決定する必要がある」とした上で，「本件訴えは，被控訴人の行為が控訴人に対する関係で違法であることを原因として差止め等を求めるというものであるところ，違法行為により権利利益を侵害された者が提起する差止め，廃棄及び謝罪広告の請求に関する訴えについては，いずれも違法行為に対する民事上の救済の一環にほかならないから，法律関係の性質は不法行為であり，その準拠法については，通則法17条によるべきである」と判示している。

(3) 通則法17条

（不法行為）
第17条 不法行為によって生ずる債権の成立及び効力は，加害行為の結果が発生した地の法による。ただし，その地における結果の発生が通常予見することのできないものであったときは，加害行為が行われた地の法による。

ア 通則法17条本文

通則法17条が適用される場合には，準拠法は，「加害行為の結果が発生した地」（結果発生地）の法になる。

営業秘密侵害における「加害行為の結果が発生した地」をどのように定めるかについては，さまざまな見解があり得る。たとえば，①侵害された営業秘密の秘密管理体制の所在地，②営業秘密の取得・使用・開示が行われた地，③営業秘密侵害行為によって被害企業が事業利益を喪失する市場地，④被害企業自体の所在地（主たる営業所の所在地）とする考え方があり得る[100]。

---

[100] 飯塚卓也「営業秘密の国際的侵害行為に関する適用準拠法」高林龍ほか編『現代知的財産法講座Ⅱ 知的財産法の実務的発展』（日本評論社，2012年）402頁〜405頁。

前記知財高判平成30・1・15は,「控訴人は,被控訴人が日本国内における営業秘密に係る情報の使用又は開示をしたことが違法であると主張しているところ,控訴人が我が国に本店所在地を有する日本法人であること及び当該情報の使用又は開示が日本国内において行われたことは,当事者間に争いがない。そうすると,かかる行為の結果が発生した地は,使用又は開示が行われ,権利侵害という結果が発生した地である日本と解すべきであり,日本の法律を準拠法とすべきである」と判示しており,被害企業である控訴人の市場地である中国ではなく,営業秘密が使用・開示された地であり,かつ,被害企業の本店所在地である日本を「加害行為の結果が発生した地」であるとした。

なお,この裁判例では,営業秘密の使用・開示が行われた地と被害企業自体の所在地(主たる営業所の所在地)の双方が日本であったため,日本企業の営業秘密の使用・開示が,日本ではなく,海外で行われた場合にどのように考えるべきかについて答えたものではないことに留意が必要である。

イ 通則法17条但書

通則法17条は,「ただし,その地における結果の発生が通常予見することのできないものであったときは,加害行為が行われた地の法による」として,「結果の発生が通常予見することのできない」ときは,「加害行為の結果が発生した地」ではなく,「加害行為が行われた地」の準拠法とするとしている。

この予見可能性の有無を判断するにあたっては,「その地」において結果が発生するかどうかという場所的なもののみが予見の対象であり,「結果の発生」そのものを予見の対象とする趣旨ではない。

たとえば,Xがある植物をA国のYに対して送付したところ,当該植物に当時の科学水準では誰も発見できないような未知の菌が付着していたために,Yが感染して病気になってしまったとする。この場合,「結果の発生」そのものについても予見可能性の対象とするのであれば,当時の科学水準で発見できない菌に基づく感染である以上,A国における「結果の発生」を通常予見することはできないという判断になると考えられる。

しかし，本条但書は，場所的な予見可能性のみを問題としているから，本事例において，Xが植物をA国に送付している以上，結果が発生し得る「場所」として「A国」を予見することはできたと考えられるから，本条但書の場合には該当しない[101]。

---

[101] 本パラグラフにつき，小出邦夫『逐条解説　法の適用に関する通則法〔増補版〕』（商事法務，2014年）194頁～195頁。

第 **5** 章

営業秘密漏えいに対する
刑事的制裁

第5章では，営業秘密漏えいに対する刑事的制裁について説明する。

具体的には，営業秘密漏えいに対する民事規制と刑事的制裁が実務で問題となる場面を説明した上で（後記1），営業秘密侵害の9つの類型（後記2），未遂罪（後記3），非親告罪（後記4），海外保管情報の窃取（後記5），法定刑，両罰規定および没収（後記6），司法取引（協議・合意制度）（後記7）について説明する。

1 営業秘密漏えいに対する民事規制と刑事的制裁が実務で問題となる場面

　営業秘密の漏えいの事実が判明した場合には，①迅速な情報収集と，②情報管理の徹底が重要である。

　まず，迅速に，かつ，できる限りの情報（証拠）を収集することが，その後の法的措置の検討を進める上で重要である。特に，営業秘密漏えい事件では，決定的な証拠がすぐに見つかるケースはそれほど多くなく，状況証拠を頼りに，決定的な証拠にたどり着くよう長期にわたって調査を継続することが少なくない。この際に，調査の初期段階でできる限りの情報を収集・保全しておくことが非常に重要である。時間が経過すればするほど，証拠が残されている可能性のある媒体や記録が消失するリスクが高まるほか，事情を知っている従業員も退職する等してアクセスすることが容易でなくなる可能性がある。

　次に，情報管理の徹底が重要である。情報管理が不十分であると，嫌疑のかかっている従業員，競合会社等に対して，情報漏えいの調査をしていることを知られてしまい，証拠の破棄，隠匿，改ざん等をされてしまう可能性があるからである。そこで，特に初期の段階では，情報管理を徹底することが重要となる。

　このような調査の作業は極めて専門的な作業であるため，早い段階から営業秘密の漏えい等について豊富な経験を有する弁護士等の専門家を入れることが望ましい。このようにして，一定の調査を終えた段階で，刑事事件化させるために捜査機関に相談にいくか，営業秘密の侵害者（従業員，元従業員，競合会社等）に対して民事訴訟を提起するかを検討することとなる。両者ともに行うこともあれば，刑事事件が先行する場合もある。

200 ■ 第5章 営業秘密漏えいに対する刑事的制裁

　刑事事件として捜査を行うか否かについては警察が判断することとなる。警察には強制的に捜索・差押えを行う権限があり，かつ，警察の取調べによって被疑者が営業秘密の漏えい等について自白をすることも期待できるため，証拠収集の観点から警察の捜査に対する期待は大きいことが多い。もっとも，実務的には，警察に刑事事件として捜査を行ってもらうためには，単に営業秘密の漏えいの疑いがあるというだけでは足りず，会社の方であらかじめ調査を行って相当程度の証拠を整理して示すことができる必要がある。

　刑事事件が先行する場合には，検察官が刑事事件で裁判所に提出した証拠を，民事事件の証拠として使用することができる場合もある。たとえば，株式会社エディオン（以下「エディオン」という）の元従業員が転職先である上新電機株式会社（以下「上新電機」という）にエディオンの営業秘密を不正開示した等として有罪（懲役2年（執行猶予3年），罰金100万円）[1]が確定した後の2016年4月25日に，エディオンは，前記刑事事件の刑事記録等を確認した上で，上新電機に対して50億円の損害賠償を求めて提訴している[2],[3]。このように，捜査機関に働きかけをして，刑事事件化してもらい，刑事事件で収集した証拠を民事事件で証拠として使用するということもある。

　刑事訴訟記録は，事件の終結後に検察庁に送付され（刑事訴訟規則304条1項），検察官が保管する（刑事確定訴訟記録法2条1項）。刑事訴訟記録は，事件の終結後に誰でも閲覧することができる（刑事訴訟法53条1項）。また，検察庁において，刑事訴訟記録（証拠等）を謄写することができれば，当該謄写物を民事事件の証拠として提出することができる。ただし，謄写が認められるかは，検察官の裁量に委ねられている[4]。

---

(1)　大阪地判平成27・11・13。
(2)　日本経済新聞2016年4月25日朝刊38面「上新電機を賠償提訴へ」参照。
(3)　2016年4月25日付エディオンプレスリリース（https://www.edion.co.jp/release/detail.php?fiscal_Year=2016&id=779）。
(4)　福島至編『コンメンタール刑事確定訴訟記録法』（現代人文社，1999年）257頁。

2 営業秘密侵害罪の行為類型

(1) はじめに

　不正競争防止法21条1項には，9つの類型が規定されており，①不正な手段による取得の場合（21条1項1号・2号），②正当に営業秘密が示された者による背信的行為の場合（3号～6号），③転得者による使用・開示の場合（7号・8号），④営業秘密侵害品の譲渡等の場合（9号）に分類することができる。民事上の不正競争行為（2条1項4号～10号まで）に含まれる行為のうち，特に違法性が高いと認められる行為について，営業秘密侵害罪として刑事責任が定められている。

　各号のいずれの場合も，10年以下の懲役もしくは2,000万円以下の罰金，または，これらの併科となる。

　各類型は以下のとおりである。

(2) 第1号

（罰則）

第21条　次の各号のいずれかに該当する者は，10年以下の懲役若しくは2,000万円以下の罰金に処し，又はこれを併科する。

---

202 ■ 第5章 営業秘密漏えいに対する刑事的制裁

> 一 不正の利益を得る目的で，又はその営業秘密保有者に損害を加える
> 目的で，詐欺等行為（人を欺き，人に暴行を加え，又は人を脅迫する
> 行為をいう。次号において同じ。）又は管理侵害行為（財物の窃取，
> 施設への侵入，不正アクセス行為（不正アクセス行為の禁止等に関す
> る法律（平成十一年法律第百二十八号）第2条第4項に規定する不正
> アクセス行為をいう。）その他の営業秘密保有者の管理を害する行為
> をいう。次号において同じ。）により，営業秘密を取得した者

　21条1項1号は，不正の利益を得る目的，またはその営業秘密保有者に損害を加える目的（以下これらの目的を総称して「図利・加害目的」という）で，詐欺等行為または管理侵害行為によって営業秘密を取得する者を対象としている[5]。以下，要件について説明した上で，具体例を挙げる。

ア　不正の利益を得る目的

　「不正の利益を得る目的」とは，公序良俗または信義則に反する形で不当な利益を図る目的のことをいい，自ら不正の利益を得る目的と，第三者に不正の利益を得させる目的の両方を含むものである。また，経済的利益であるか非経済的利益であるかを問わない。具体例としては，金銭を得る目的で第三者に対して営業秘密を不正に開示する場合，および，外国政府を利する目的で営業秘密を外国政府関係者に不正に開示する場合は，不正の利益を得る目的に該当する[6]。

　これらの比較的わかりやすい具体例のほかに，実務上は，企業の従業員が「退職の記念のため」等として，自己の満足を図る目的で従前使用していた資料を自宅に持ち帰ることが問題となり得る。自己の満足を図る目的であっても，

---

[5] 民事上の不正取得行為（2条1項4号）は，目的要件による限定はなく，かつ，その行為態様を「不正の手段」と広範に規定している。

[6] 本パラグラフにつき，経済産業省知的財産政策室編『逐条解説　不正競争防止法〔第2版〕』（商事法務，2019年）256頁～257頁。

ただちに「不正の利益を得る目的」に該当しないこととなるわけではなく，その他の個別具体的な事情によっては，「不正の利益を得る目的」に該当する場合もある[7]。

イ　営業秘密保有者に損害を加える目的

「営業秘密保有者に損害を加える目的」とは，営業秘密保有者に対して，財産上の損害，信用の失墜その他の有形無形の不当な損害を加える目的のことをいい，現実に損害が生じることは要しない。そのため，たとえば，営業秘密保有者の信用を失墜させるために，当該営業秘密をインターネットを介して誰でも容易にアクセスできる掲示板に書き込む行為が該当する[8]。

また，前記アの「退職の記念のため」等として，自己の満足を図る目的で従前使用していた資料を自宅に持ち帰ることは，前記アの「不正の利益を得る目的」と同様に，自己の満足を図る目的であっても，ただちに「営業秘密保有者に損害を加える目的」が否定されるわけではなく，その他の個別具体的な事情によっては，「営業秘密保有者に損害を加える目的」に該当する場合もある[9]。

ところで，「営業秘密保有者」は，「営業秘密を保有する事業者」（不正競争防止法2条1項7号）であり，「営業秘密を保有する事業者」は，「営業秘密を正当な権原に基づいて取得して保持している者」であると解されている。そのため，営業秘密のライセンス契約のライセンシーは「営業秘密保有者」に該当するのに対して，営業秘密の不正取得者は「営業秘密保有者」に該当しない[10]。

ウ　詐欺等行為

詐欺等行為とは，人を欺くこと，人に暴行を加えること，または人を脅迫することを意味し，これらは，刑法上の詐欺罪（刑法246条），強盗罪（刑法236条），

---

(7)　本パラグラフにつき，前掲注(6)・経済産業省知的財産政策室編257頁。
(8)　本パラグラフにつき，前掲注(6)・経済産業省知的財産政策室編257頁。
(9)　前掲注(6)・経済産業省知的財産政策室編257頁。
(10)　本パラグラフにつき，前掲注(6)・経済産業省知的財産政策室編260頁。

恐喝罪（刑法249条）の実行行為である欺罔行為，暴行，脅迫に相当する[11]。営業秘密保有者の従業員から，甘言や買収によって営業秘密を不正取得する行為は，本号には該当しない[12]。

エ　管理侵害行為

管理侵害行為とは，財物の窃取，施設への侵入，不正アクセス行為その他の営業秘密保有者の管理を害する行為をいう[13]。

このうち，「財物の窃取」とは，刑法上の窃盗罪（同法235条）の実行行為に相当するものである[14]。また，「施設への侵入」とは，刑法上の建造物等侵入罪（同法130条）の実行行為に相当するものである[15]。さらに，「不正アクセス行為」とは，不正アクセス行為の禁止等に関する法律2条4項で定義されている「不正アクセス行為」である[16]。不正アクセス行為は，大別すると，①他人の識別符号を無断で入力する行為（いわゆる不正ログイン）（1号）と，②アクセス制御機能による（電気通信回線を通じて行う）情報処理の制限を免れる情報

---

[11]　前掲注(6)・経済産業省知的財産政策室編258頁。
[12]　小野昌延＝松村信夫『新・不正競争防止法概説〔第2版〕』（青林書院，2015年）692頁。
[13]　前掲注(6)・経済産業省知的財産政策室編259頁。
[14]　前掲注(6)・経済産業省知的財産政策室編259頁。
[15]　前掲注(6)・経済産業省知的財産政策室編259頁。
[16]　不正アクセス行為の禁止等に関する法律2条4項
　　　この法律において「不正アクセス行為」とは，次の各号のいずれかに該当する行為をいう。
　「一　アクセス制御機能を有する特定電子計算機に電気通信回線を通じて当該アクセス制御機能に係る他人の識別符号を入力して当該特定電子計算機を作動させ，当該アクセス制御機能により制限されている特定利用をし得る状態にさせる行為（当該アクセス制御機能を付加したアクセス管理者がするもの及び当該アクセス管理者又は当該識別符号に係る利用権者の承諾を得てするものを除く。）
　　二　アクセス制御機能を有する特定電子計算機に電気通信回線を通じて当該アクセス制御機能による特定利用の制限を免れることができる情報（識別符号であるものを除く。）又は指令を入力して当該特定電子計算機を作動させ，その制限されている特定利用をし得る状態にさせる行為（当該アクセス制御機能を付加したアクセス管理者がするもの及び当該アクセス管理者の承諾を得てするものを除く。次号において同じ。）
　　三　電気通信回線を介して接続された他の特定電子計算機が有するアクセス制御機能によりその特定利用を制限されている特定電子計算機に電気通信回線を通じてその制限を免れることができる情報又は指令を入力して当該特定電子計算機を作動させ，その制限されている特定利用をし得る状態にさせる行為」

（識別符号を除く）または指令を入力する行為（いわゆるセキュリティ・ホール攻撃）（2号・3号）に分類することができる[17]。

「その他の営業秘密保有者の管理を害する行為」とは，今後の技術の進展に伴って可能となる手口にも適切に対応することができるようにすること，および，不正な取得の類型が多種多様であることを踏まえて規定されたものである。たとえば，営業秘密保有者の会話や会議等を盗聴，電波傍受等によって盗み聞きする方法で，営業秘密を取得する行為等が対象となり得る[18]。

オ　具体例

具体例としては，A会社の従業員であるXが，A会社の他の部署に所属するYに虚偽の事実を述べて，Yから顧客データを騙しとる場合が挙げられる。

また，アクセス権限を有しないXが，不正に取得したパスワードを用いて，A会社が営業秘密の電子データを保存しているサーバにアクセスし，営業秘密を取得する場合が挙げられる。

(3)　第2号

（罰則）

第21条　次の各号のいずれかに該当する者は，10年以下の懲役若しくは2,000万円以下の罰金に処し，又はこれを併科する。

二　詐欺等行為又は管理侵害行為により取得した営業秘密を，不正の利益を得る目的で，又はその営業秘密保有者に損害を加える目的で，使用し，又は開示した者

---

[17]　不正アクセス対策法制研究会『逐条　不正アクセス行為の禁止等に関する法律〔第2版〕』（立花書房，2012年）36頁～37頁，61頁。
[18]　本パラグラフにつき，前掲注(6)・経済産業省知的財産政策室編260頁。

206 ■ 第5章 営業秘密漏えいに対する刑事的制裁

21条1項2号は，詐欺等行為または管理侵害行為により取得した営業秘密を，図利・加害目的で使用または開示した者を対象としている。以下，要件について説明した上で，具体例を挙げる。

「詐欺等行為」，「管理侵害行為」，「不正の利益を得る目的」および「営業秘密保有者に損害を加える目的」の意味は前記(2)を，また，「使用」および「開示」の意味は前記第4章④(2)を，それぞれ参照されたい。

ア 要 件

「不正の利益を得る目的」または「営業秘密保有者に損害を加える目的」は，営業秘密を「使用」または「開示」している時点で有していればよく，営業秘密の取得時に有している必要はない[19]。

イ 具体例

営業秘密の使用の具体例としては，A会社の従業員であるXが，A会社の他の部署に所属するYに虚偽の事実を述べて，Yから顧客データを騙しとり[20]，当該顧客データを用いてA会社と競合する事業を行う場合における当該顧客データを用いて事業を行う行為が挙げられる。

また，営業秘密の開示の具体例としては，アクセス権限を有しないXが，不正にサーバにアクセスし，営業秘密を取得した後[21]，Xが，A会社の信用を失墜させることを目的として，特定の第三者に当該営業秘密が記録された電子データをメールで送信する場合における当該電子データのメールによる送信行為が挙げられる。

---

[19] 前掲注(6)・経済産業省知的財産政策室編261頁。
[20] 「騙しと」る行為には，21条1項1号が成立する。
[21] 「取得」行為には，21条1項1号が成立する。

⑷　第3号

（罰則）

第21条　次の各号のいずれかに該当する者は，10年以下の懲役若しくは 2,000万円以下の罰金に処し，又はこれを併科する。

　三　営業秘密を営業秘密保有者から示された者であって，不正の利益を 得る目的で，又はその営業秘密保有者に損害を加える目的で，その営 業秘密の管理に係る任務に背き，次のいずれかに掲げる方法でその営 業秘密を領得した者

　　イ　営業秘密記録媒体等（営業秘密が記載され，又は記録された文書， 図画又は記録媒体をいう。以下この号において同じ。）又は営業秘 密が化体された物件を横領すること。

　　ロ　営業秘密記録媒体等の記載若しくは記録について，又は営業秘密 が化体された物件について，その複製を作成すること。

　　ハ　営業秘密記録媒体等の記載又は記録であって，消去すべきものを 消去せず，かつ，当該記載又は記録を消去したように仮装すること。

　21条1項3号は，営業秘密を営業秘密保有者から示された者であって，図 利・加害目的で，その営業秘密の管理に係る任務に背いて，①営業秘密記録媒 体等または営業秘密が化体された物件を横領する行為，②営業秘密記録媒体等 の記載もしくは記録について，または営業秘密が化体された物件について，そ の複製を作成する行為，③営業秘密記録媒体等の記載または記録であって，消 去すべきものを消去せず，かつ，当該記載または記録を消去したように仮装す る行為をした者を対象としている。以下，要件について説明した上で，具体例 を挙げる。

　「不正の利益を得る目的」および「営業秘密保有者に損害を加える目的」の

意味は，前記(2)を参照されたい。

ちなみに，21条1項3号は，後記③のとおり，21条1項各号の中で，唯一，未遂処罰規定の対象外とされている。

ア　営業秘密保有者から示された

「営業秘密保有者から示された」とは，その営業秘密を不正取得以外の態様で営業秘密保有者から取得したことを意味する。具体的には，①営業秘密保有者から口頭で営業秘密を開示された場合，②営業秘密保有者から営業秘密が記載された資料等を手交された場合，③営業秘密へのアクセス権限を与えられた場合，④営業秘密を職務上使用している場合等である[22]。なお，前記(2)イのとおり，営業秘密保有者は，営業秘密を正当な権限に基づいて取得して保持している者に限られるため，不正取得者から示された者については本号の対象とはならない。

イ　営業秘密の管理に係る任務

「営業秘密の管理に係る任務」とは，「営業秘密を営業秘密保有者から示された者」が，営業秘密保有者との間の委任契約，雇用契約等によって一般的に課せられていた秘密を保持すべき任務，秘密保持契約等によって個別的に課せられた秘密を保持すべき任務等を意味している。当該任務を負っている以上，その立場（在職者・退職者・取引先）を問わず，本罪の対象となる[23]。

ウ　横領（3号イ）

「横領」とは，営業秘密保有者から預かった営業秘密が記録された媒体等または営業秘密が化体された物件を自己の物のように利用・処分する（ことができる状態に置く）ことをいう[24]。

---

[22]　本パラグラフにつき，前掲注(6)・経済産業省知的財産政策室編262頁〜263頁。
[23]　本パラグラフにつき，前掲注(6)・経済産業省知的財産政策室編263頁。
[24]　前掲注(6)・経済産業省知的財産政策室編263頁。

具体的には，営業秘密が記録された記録媒体を，持ち出しが禁止されている
にもかかわらず，無断で外部に持ち出す行為が挙げられる[25]。

エ　複製の作成（3号ロ）

「複製を作成する」とは，印刷，撮影，複写，録音その他の方法により，営
業秘密記録媒体等[26]の記載もしくは記録または営業秘密が化体された物件と
同一性を保持するものを有形的に作成することをいう[27]。

具体的には，営業秘密が記録されたデータであって複製が禁止されたものを
無断でコピーする行為が挙げられる[28]。

オ　消去すべきものを消去せず，当該記載または記録を消去したように仮装
　　すること（3号ハ）

「消去すべきものを消去せず」とは，営業秘密を消去すべき義務がある場合
において，これに違反して営業秘密を消去しないことをいう[29]。

また，「当該記載又は記録を消去したように仮装すること」とは，自己の記
録媒体等に保存された営業秘密の記載または記録を消去した旨の書面を交付す
る行為のように，実際には記載等を消去していないにもかかわらず，すでに消
去されているかのような虚偽の外観を作出することをいう。具体的には，プロ
ジェクト終了後の営業秘密が記録された電子データの消去義務に違反して，当
該電子データを消去せずに自己のパソコンに保管し続け，営業秘密保有者から
の問い合わせに対して，消去した旨の虚偽の回答をする行為が挙げられる[30]。

---

[25]　前掲注(6)・経済産業省知的財産政策室編263頁。
[26]　「営業秘密記録媒体等」とは，「営業秘密が記載され，又は記録された文書，図画又は
　　記録媒体をいう」（不正競争防止法21条1項3号イ括弧書）。
[27]　前掲注(6)・経済産業省知的財産政策室編264頁。
[28]　前掲注(6)・経済産業省知的財産政策室編264頁。
[29]　前掲注(6)・経済産業省知的財産政策室編264頁。
[30]　本パラグラフにつき，前掲注(6)・経済産業省知的財産政策室編264頁。

210 ■ 第5章　営業秘密漏えいに対する刑事的制裁

カ　具体例

　3号イの具体例としては，A会社の従業員であるXが，インターネットを介して誰でも容易にアクセスできるウェブサイトのサーバにA会社が保有する顧客データをアップロードすることによりA会社の信用を失墜させる目的で，上司であるYから業務に用いるために示された当該顧客データが記録された電子記録媒体を，A会社から自宅に持ち帰る場合が挙げられる。

　3号ロの具体例としては，前記3号イの具体例において，インターネットを介して誰でも容易にアクセスできるウェブサイトのサーバに当該顧客データをアップロードすることによりA会社の信用を失墜させる目的で，電子記録媒体の複製を作成する場合が挙げられる。

　3号ハの具体例としては，A会社とB会社がノウハウライセンス契約を締結し，A会社がB会社に対して，A会社の営業秘密をライセンスしている場合において，ノウハウライセンス契約に基づくライセンス期間満了後に，A会社がB会社に対して，ノウハウライセンス契約に基づき，A会社がB会社に提供したA会社の営業秘密の電子データが記録された電子記録媒体の破棄を求めたところ，B会社がA会社に対して，当該電子記録媒体を破棄したことを示す廃棄証明書を交付したにもかかわらず，実際には，A会社の競合会社に転売することを目的として，当該電子記録媒体を破棄せずに保管していた場合が挙げられる。

(5)　第4号

（罰則）
第21条　次の各号のいずれかに該当する者は，10年以下の懲役若しくは2,000万円以下の罰金に処し，又はこれを併科する。
　四　営業秘密を営業秘密保有者から示された者であって，その営業秘密の管理に係る任務に背いて前号イからハまでに掲げる方法により領得

> した営業秘密を，不正の利益を得る目的で，又はその営業秘密保有者
> に損害を加える目的で，その営業秘密の管理に係る任務に背き，使用
> し，又は開示した者

21条1項4号は，前記(4)の3号の①～③のいずれかの方法により領得した営
業秘密を，図利・加害目的で，その営業秘密の管理に係る任務に背いて，使用
または開示した者を対象としている。以下，要件について説明した上で，具体
例を挙げる。

「営業秘密保有者から示された者」，「不正の利益を得る目的」および「営業
秘密保有者に損害を加える目的」の意味は前記(2)を，「営業秘密の管理に係る
任務」の意味は前記(4)を，「使用」および「開示」の意味は前記第4章④(2)を，
それぞれ参照されたい。

ア 要 件

「領得」については，3号イ～ハのいずれかの方法によって領得されていれ
ば足り，その領得時に本号の要件である「不正の利益を得る目的」または「営
業秘密保有者に損害を加える目的」を有している必要はない[31]。

後記(6)のとおり，5号では退職者を処罰対象から除外しているが，本号（4
号）では退職者を除外せず，処罰対象としている。本号のように，営業秘密保
有者から営業秘密を正当に示されたにもかかわらず，営業秘密保有者との間の
委託信任関係に違背して，3号イ～ハに規定する方法で営業秘密を領得し，図
利・加害目的でこれを不正に使用または開示するような一連の行為は違法性が
高いからである[32]。

---

(31) 前掲注(6)・経済産業省知的財産政策室編266頁。
(32) 本パラグラフにつき，前掲注(6)・経済産業省知的財産政策室編265頁。

212　■　第5章　営業秘密漏えいに対する刑事的制裁

イ　具体例

　前記(4)3号イの具体例において，電子記録媒体を自宅に持ち帰ったA会社の従業員であるXが，実際に，A会社の信用を失墜させる目的で，インターネットを介して誰でも容易にアクセスできるウェブサイトのサーバに当該顧客データをアップロードする場合が挙げられる。

　また，前記(4)3号ロの具体例において，電子記録媒体の複製を作成したXが，当該複製物を用いて，実際に，A会社の信用を失墜させる目的で，インターネットを介して誰でも容易にアクセスできるウェブサイトのサーバに当該顧客データをアップロードする場合が挙げられる。

　そして，前記(4)3号ハの具体例において，B会社が保管していたA会社の営業秘密の電子データが記録された電子記録媒体を，B会社が，A会社の競合会社であるC会社に転売する場合が挙げられる。

(6)　第5号

（罰則）

第21条　次の各号のいずれかに該当する者は，10年以下の懲役若しくは2,000万円以下の罰金に処し，又はこれを併科する。

　五　営業秘密を営業秘密保有者から示されたその役員（理事，取締役，執行役，業務を執行する社員，監事若しくは監査役又はこれらに準ずる者をいう。次号において同じ。）又は従業者であって，不正の利益を得る目的で，又はその営業秘密保有者に損害を加える目的で，その営業秘密の管理に係る任務に背き，その営業秘密を使用し，又は開示した者（前号に掲げる者を除く。）

　21条1項5号は，営業秘密を営業秘密保有者から示された役員または従業員で，図利・加害目的で，その営業秘密の管理に係る任務に背き，当該営業秘密

を使用または開示した者を対象としている。以下，要件について説明した上で，具体例を挙げる。

「営業秘密保有者から示された」，「不正の利益を得る目的」および「営業秘密保有者に損害を加える目的」の意味は前記(2)を，「営業秘密の管理に係る任務」の意味は前記(4)を，「使用」および「開示」の意味は前記第4章 4 (2)を，それぞれ参照されたい。

ア 要 件

本罪は，主体が「役員……又は従業者」として，現役の役員または従業員に限定されている。これは，①役員または従業員以外の者については，営業秘密保有者から示された営業秘密を保持する義務の有無が個別の契約関係や取引関係によって定まり，一義的に明確ではないため，取引関係への萎縮効果をもたらすおそれがあること，および，②退職者については，その転職の自由にも配慮する必要があることを考慮して，定型的に守秘義務を負っている現職の役員または従業員に対象を限定するものである[33]。

「役員」は，「理事，取締役，執行役，業務を執行する社員，監事若しくは監査役又はこれらに準ずる者をいう」と規定されており，「これらに準ずる者」とは，事業者の業務執行権限を持つ者に対して影響をもたらし得る者（当事業者の顧問，相談役等の地位にある者）をいう[34]。

「従業者」には，使用者と労働契約関係のある労働者，および，「労働者派遣事業の適正な運営の確保及び派遣労働者の保護等に関する法律」（いわゆる労働者派遣法）に基づく派遣労働者が含まれる。これに対して，請負人および請負人の従業員は，「従業者」には該当しないと解される[35]。

本罪は，営業秘密を使用または開示する行為を対象としている。ただし，3号イ～ハまでに掲げる方法により領得した営業秘密を使用または開示する場合

---

[33] 本パラグラフにつき，前掲注(6)・経済産業省知的財産政策室編267頁。
[34] 前掲注(6)・経済産業省知的財産政策室編267頁～268頁。
[35] 本パラグラフにつき，前掲注(6)・経済産業省知的財産政策室編268頁。

214　■　第5章　営業秘密漏えいに対する刑事的制裁

には4号が適用され，5号は適用されない。

イ　具体例

　たとえば，営業秘密が記録されていた電子データを管理していたA会社の現職の役員であるXが，金銭を得ることを目的として，営業秘密を管理する任務に背いて，A会社の競合会社であるB社の従業員であるYに，当該電子データをパソコンのディスプレイに表示させて見せる行為が挙げられる[36]。

(7)　第6号

（罰則）

第21条　次の各号のいずれかに該当する者は，10年以下の懲役若しくは2,000万円以下の罰金に処し，又はこれを併科する。

　六　営業秘密を営業秘密保有者から示されたその役員又は従業者であった者であって，不正の利益を得る目的で，又はその営業秘密保有者に損害を加える目的で，その在職中に，その営業秘密の管理に係る任務に背いてその営業秘密の開示の申込みをし，又はその営業秘密の使用若しくは開示について請託を受けて，その営業秘密をその職を退いた後に使用し，又は開示した者（第4号に掲げる者を除く。）

　21条1項6号は，営業秘密を営業秘密保有者から示された元役員または元従業員で，図利・加害目的で，その在職中に，その営業秘密の管理に係る任務に背いてその営業秘密の開示の申込みをし，または，その営業秘密の使用もしくは開示について請託を受けて，その営業秘密をその職を退いた後に使用もしくは開示した者を対象としている。以下，要件について説明した上で，具体例を

---

　[36]　Xが，営業秘密が記録された電子記録媒体を領得した上で，当該電子記録媒体に記録された営業秘密をYに開示する場合は，5号ではなく，4号に該当する。

挙げる。

「不正の利益を得る目的」および「営業秘密保有者に損害を加える目的」の意味は前記(2)を,「営業秘密保有者から示された」,「営業秘密の管理に係る任務」の意味は前記(4)を,「使用」および「開示」の意味は前記第4章④(2)を,それぞれ参照されたい。

ア 要 件

本罪は,在職中に営業秘密の不正開示の申込みまたは不正使用もしくは不正開示の請託の受諾が行われ,かつ,退職後にその営業秘密についての不正使用または不正開示が行われた場合に成立する。

「開示の申込み」とは,営業秘密保有者からその営業秘密にアクセスする権限を与えられていない者に対して,営業秘密を開示するという一方的意思を表示することを意味する[37]。

請託とは,営業秘密保有者から営業秘密を示された役員または従業員に対し,営業秘密保有者からその営業秘密にアクセス権限を与えられていない第三者が,秘密保持義務のある営業秘密を使用または開示するよう依頼することである。「請託を受けて」に該当するためには,その請託を引き受けることが必要であり,単に第三者から依頼されただけの場合は該当しない。ただし,請託の受諾は黙示でもかまわない[38]。

「申込み」や「請託」の対象となる営業秘密は具体的に特定されていなければならず,また,役員や従業員が退職後に当該営業秘密を開示する相手方は,前記「申込み」や「請託」の相手方と実質的に同一とみなされるような関係にあることが必要であると解される。たとえば,開示の相手方がA会社である場合に,A会社の発起人や役員または従業員から申込みを行い,またはこれらの者から請託を受けたような場合には,実質的に同一人といえる[39]。

---

[37] 本パラグラフにつき,前掲注(6)・経済産業省知的財産政策室編270頁。
[38] 本パラグラフにつき,前掲注(6)・経済産業省知的財産政策室編270頁。
[39] 本パラグラフにつき,前掲注(12)・小野=松村699頁。

216　■　第5章　営業秘密漏えいに対する刑事的制裁

イ　具体例

　たとえば，営業秘密が記録されている電子データを管理していたA会社の役員であるXが，金銭を得ることを目的として，在職中にA会社の競合会社であるB会社に当該営業秘密を渡す話を持ちかけ，退職後に，Xが当該営業秘密をB会社に渡す場合が申込みの事例として挙げられ，また，XがB会社から，Xの退職後において営業秘密を渡すよう持ちかけられこれに応じた場合が請託の事例として挙げられる。

(8)　第7号

（罰則）

第21条　次の各号のいずれかに該当する者は，10年以下の懲役若しくは2,000万円以下の罰金に処し，又はこれを併科する。

　　七　不正の利益を得る目的で，又はその営業秘密保有者に損害を加える目的で，第2号若しくは前三号の罪又は第3項第2号の罪（第2号及び前三号の罪に当たる開示に係る部分に限る。）に当たる開示によって営業秘密を取得して，その営業秘密を使用し，又は開示した者

　21条1項7号は，図利・加害目的で，21条1項2号，同項4号〜6号，同条3項2号の罪（開示に係る部分に限る）にあたる開示によって営業秘密を取得した上で，当該営業秘密を使用または開示した者を対象としている。以下，要件について説明した上で，具体例を挙げる。

　「不正の利益を得る目的」および「営業秘密保有者に損害を加える目的」の意味は前記(2)を，「使用」および「開示」の意味は前記第4章④(2)を，それぞれ参照されたい。

② 営業秘密侵害罪の行為類型 ■ *217*

ア 要 件

　本罪は，営業秘密の不正開示を通じ，図利・加害目的をもって，その営業秘密を取得した者（以下「二次的取得者」という）が，さらに図利・加害目的をもってその営業秘密を不正に使用または開示する行為に対して，刑事罰を科すものである。これに対して，二次的取得者以降の者からの不正開示を通じ，図利・加害目的をもってその営業秘密を取得した者（以下「三次以降取得者」という）の行為については，本号ではなく，21条1項8号が適用され得る。

　「第2号若しくは前三号の罪又は第3項第2号の罪（第2号及び前三号の罪に当たる開示に係る部分に限る。）に当たる開示」とは，**図表5−1**の開示をいう。21条1号および3号が除かれているのは，「開示」が構成要件要素になっていないからである。

　なお，営業秘密の不正開示等をそそのかす等して，不正開示により営業秘密を取得する行為は，これらとは別途21条1項1号〜6号の共犯になり得る[40]。

---

(40)　前掲注(6)・経済産業省知的財産政策室編271頁。

218 ■ 第5章　営業秘密漏えいに対する刑事的制裁

（図表5－1）　二次的取得者が処罰されるために知っていなければならない開示の内容

	開示内容	条文
I	詐欺等行為（人を欺き，人に暴行を加え，または人を脅迫する行為）または管理侵害行為により取得した営業秘密について，不正の利益を得る目的または営業秘密保有者に損害を加える目的で行う開示	21条1項2号
II	営業秘密を営業秘密保有者から示された者が，その営業秘密の管理に係る任務に背いて一定の方法により⁽⁴¹⁾領得した営業秘密について，不正の利益を得る目的またはその営業秘密保有者に損害を加える目的で，その営業秘密の管理に係る任務に背いて行う開示	同4号
III	営業秘密を営業秘密保有者から示されたその役員⁽⁴²⁾または従業員が，不正の利益を得る目的またはその営業秘密保有者に損害を加える目的で，その営業秘密の管理に係る任務に背いて行う当該営業秘密の開示	同5号
IV	営業秘密を営業秘密保有者から示されたその役員または従業員が，不正の利益を得る目的またはその営業秘密保有者に損害を加える目的で，在職中に，その営業秘密に係る任務に背いてその営業秘密の開示を申し込み，または，その営業秘密の使用もしくは開示について請託を受けて，その営業秘密について，その職を退いた後に行う開示	同6号
V	相手方に日本国外において21条1項2号，4号〜6号までの罪にあたる使用（I〜IVの「開示」を「使用」に置き換えた行為）をする目的があることの情を知って行うI〜IVの開示	21条3項2号

---

(41)　一定の方法とは，21条1項3号イ〜ハをいう。具体的には，以下のとおりである。
　　「イ　営業秘密記録媒体等（営業秘密が記載され，又は記録された文書，図画又は記録媒体をいう。以下この号において同じ。）又は営業秘密が化体された物件を横領すること。
　　　ロ　営業秘密記録媒体等の記載若しくは記録について，又は営業秘密が化体された物件について，その複製を作成すること。
　　　ハ　営業秘密記録媒体等の記載又は記録であって，消去すべきものを消去せず，かつ，当該記載又は記録を消去したように仮装すること。」
(42)　「役員」とは，「理事，取締役，執行役，業務を執行する社員，監事若しくは監査役又はこれらに準ずる者をいう」（21条1項5号）。

イ　具体例

たとえば，A会社の従業員であるXが，A会社のほかの部署に所属するYに虚偽の事実を述べて，Yから顧客データを騙しとったところ，当該Xの行為を知っているZが，自らA会社と競合する事業を行う目的で，Xに金銭を支払ってXから当該顧客データを取得し，当該顧客データを用いてA会社と競合する事業を行う場合が挙げられる。

(9)　第8号

> **第21条**　次の各号のいずれかに該当する者は，10年以下の懲役若しくは2,000万円以下の罰金に処し，又はこれを併科する。
>
> 　八　不正の利益を得る目的で，又はその営業秘密保有者に損害を加える目的で，第2号若しくは第4号から前号までの罪又は第3項第2号の罪（第2号及び第4号から前号までの罪に当たる開示に係る部分に限る。）に当たる開示が介在したことを知って営業秘密を取得して，その営業秘密を使用し，又は開示した者

21条1項8号は，図利・加害目的で，21条1項2号，同項4号～7号，同条3項2号の罪（開示に係る部分に限る）にあたる開示が介在したことを知った上で営業秘密を取得し，当該営業秘密を使用または開示した者を対象としている。以下，要件について説明した上で，具体例を挙げる。

「不正の利益を得る目的」および「営業秘密保有者に損害を加える目的」の意味は前記(2)を，「営業秘密の管理に係る任務」の意味は前記(4)を，「使用」および「開示」の意味は前記第4章④(2)を，それぞれ参照されたい。

ア　要　件

本罪は，三次以降取得者が，取得した営業秘密を図利・加害目的をもって不

正に使用または開示する行為に対して刑事罰を科すものである。これに対して，二次的取得者の行為については，本号ではなく，21条1項7号が適用され得る。平成27年改正前は，三次以降取得者の行為は刑事罰の対象外であった。しかし，高機能携帯情報通信端末の普及，クラウド・コンピューティングサービスの拡大等に伴い，特に電子情報が転々流通していくリスクが増大していることを踏まえ，平成27年改正により本号が新設された[43]。

「介在したことを知って」とは，自らの営業秘密の取得時に，その取得時までの営業秘密の転々流通の過程においてなされた開示行為のいずれかが「不正な開示」行為であることを知っていることを意味する。その営業秘密の転々流通の過程で善意者が存在したとしても，いずれかの者による「不正な開示」が介在したことを知ってその営業秘密を取得し，それを不正使用・開示した者は，本罪の処罰対象になり得る[44]。

「第2号若しくは第4号から前号までの罪又は第3項第2号の罪（第2号及び第4号から前号までの罪に当たる開示に係る部分に限る。）に当たる開示」とは，**図表5－2**の開示をいう。21条1号および3号が除かれているのは，「開示」が構成要件要素になっていないからである。

（図表5－2）　三次以降取得者が処罰されるために知っていなければならない開示の内容

	開示内容	条文
I	詐欺等行為（人を欺き，人に暴行を加え，または人を脅迫する行為）または管理侵害行為により取得した営業秘密について，不正の利益を得る目的または営業秘密保有者に損害を加える目的で行う開示	21条1項2号

---

[43]　産業構造審議会知的財産分科会営業秘密の保護・活用に関する小委員会作成「中間とりまとめ」（2015年2月）16頁～17頁。

[44]　本パラグラフにつき，前掲注(6)・経済産業省知的財産政策室編273頁～274頁。

Ⅱ	営業秘密を営業秘密保有者から示された者が，その営業秘密の管理に係る任務に背いて一定の方法により⁽⁴⁵⁾領得した営業秘密について，不正の利益を得る目的またはその営業秘密保有者に損害を加える目的で，その営業秘密の管理に係る任務に背いて行う開示	同4号
Ⅲ	営業秘密を営業秘密保有者から示されたその役員⁽⁴⁶⁾または従業員が，不正の利益を得る目的またはその営業秘密保有者に損害を加える目的で，その営業秘密の管理に係る任務に背いて行う当該営業秘密の開示	同5号
Ⅳ	営業秘密を営業秘密保有者から示されたその役員または従業員が，不正の利益を得る目的またはその営業秘密保有者に損害を加える目的で，在職中に，その営業秘密に係る任務に背いてその営業秘密の開示を申し込み，または，その営業秘密の使用もしくは開示について請託を受けて，その営業秘密について，その職を退いた後に行う開示	同6号
Ⅴ	不正の利益を得る目的で，またはその営業秘密保有者に損害を加える目的で，Ⅰ～Ⅳの開示によって取得した営業秘密について行う開示	同7号
Ⅵ	相手方に日本国外において21条1項2号，4号～7号までの罪にあたる使用（Ⅰ～Ⅴの「開示」を「使用」に置き換えた行為）をする目的があることの情を知って行うⅠ～Ⅴの開示	21条3項2号

イ　具体例

　たとえば，A会社の従業員であるXが，A会社のほかの部署に所属するYに虚偽の事実を述べて，Yから顧客データを騙しとり（以下「不正取得行為」とい

---

(45)　一定の方法とは，21条1項3号イ～ハをいう。具体的には，以下のとおりである。
　「イ　営業秘密記録媒体等（営業秘密が記載され，又は記録された文書，図画又は記録媒体をいう。以下この号において同じ。）又は営業秘密が化体された物件を横領すること。
　　ロ　営業秘密記録媒体等の記載若しくは記録について，又は営業秘密が化体された物件について，その複製を作成すること。
　　ハ　営業秘密記録媒体等の記載又は記録であって，消去すべきものを消去せず，かつ，当該記載又は記録を消去したように仮装すること。」
(46)　「役員」とは，「理事，取締役，執行役，業務を執行する社員，監事若しくは監査役又はこれらに準ずる者をいう」（21条1項5号）。

う），金銭を得る目的で，Xが当該顧客データを不正取得行為により保有していることを知らないC名簿業者に当該顧客データ提供したところ，Xの不正取得行為が介在してC名簿業者が当該顧客データを保有していることを知っているZが，自らA会社と競合する事業を行う目的でC名簿業者から当該顧客データを取得し，当該顧客データを用いてA会社と競合する事業を行う場合が挙げられる。

(10) 第9号

> **第21条** 次の各号のいずれかに該当する者は，10年以下の懲役若しくは
> 2,000万円以下の罰金に処し，又はこれを併科する。
> 九 不正の利益を得る目的で，又はその営業秘密保有者に損害を加える
> 目的で，自己又は他人の第2号若しくは第4号から前号まで又は第3
> 項第3号の罪に当たる行為（技術上の秘密を使用する行為に限る。以
> 下この号及び次条第1項第2号において「違法使用行為」という。）
> により生じた物を譲渡し，引き渡し，譲渡若しくは引渡しのために展
> 示し，輸出し，輸入し，又は電気通信回線を通じて提供した者（当該
> 物が違法使用行為により生じた物であることの情を知らないで譲り受
> け，当該物を譲渡し，引き渡し，譲渡若しくは引渡しのために展示し，
> 輸出し，輸入し，又は電気通信回線を通じて提供した者を除く。）

　21条1項9号は，技術上の営業秘密の不正使用行為により生産，製造等された物を譲渡等する行為を行った者を対象としている。以下，要件について説明した上で，具体例を挙げる。

　「不正の利益を得る目的」および「営業秘密保有者に損害を加える目的」の意味は前記(2)を参照されたい。

ア　要　件

本規定が対象とする行為は，基本的には，前記第4章④(9)の民事規制（2条1項10号）と同様であるが，以下の2点において異なる。

まず，技術上の営業秘密の不正使用行為により生産，製造等された物を譲渡等する行為が刑事規制の対象となるためには，それらの行為が「不正の利益を得る目的」または「その営業秘密保有者に損害を加える目的」に基づくものであることが必要である。

次に，民事規制においては，行為者が免責されるためには，譲渡等する物を譲り受けたときに，その物が不正使用行為により生じたものであることを知らず，かつ，知らないことについて重過失がないことが要求されていたが，刑事罰との関係では，譲渡等する物が不正使用行為により生じたものであることを知っている場合のみが刑事罰の対象とされ，知らなければ重過失があっても免責となる。

イ　具体例

たとえば，A会社の技術者が，B会社の製品の製造方法が記載されている資料を盗みとり，A会社が当該資料を使用して製品を製造した場合において，C会社が，A会社がB会社から盗みとった資料を使用して当該製品を製造していることを知りつつ，A会社が製造した当該製品を購入し，第三者に売却する行為が挙げられる。

224 ■ 第5章 営業秘密漏えいに対する刑事的制裁

3

未遂罪（21条4項）

第21条

4 第1項（第3号を除く。）並びに前項第1号（第1項第3号に係る部分を除く。），第2号及び第3号の罪の未遂は，罰する。

インターネットを介した外部からの情報窃取行為は，年々，巧妙化してきている。また，電子データはいったん取得されれば容易に拡散されてしまう。さらに，企業においても，営業秘密を電子データで保存することが多くなってきている。そのため，インターネットを介した外部からの情報窃取行為により企業に甚大な被害が生じ得る。そこで，平成27年改正により営業秘密侵害罪につき，未遂をも処罰対象とすることにより，保護を強化している。立法担当者によれば，①営業秘密を狙って不正アクセス行為を行ったが，セキュリティに阻まれて不正取得に至らなかった場合（21条1項1号の不正取得の未遂）や，②不正に領得した営業秘密たる製品設計図を使用して生産した製品について配達業者等に完成した製品の発送を依頼したが，配達がなされる前に発覚したため，受取人に届かなかった場合（同項9号の譲渡等の未遂）が営業秘密侵害罪の未遂の具体例として挙げられている[47]。なお，21条1項3号（営業秘密を正当に示された従業員等が，その営業秘密を領得する行為）は未遂罪の対象から除外されている。これは，当該行為は未遂と評価できる範囲が狭いと考えられること，

---

[47] 津田麻紀子ほか「平成27年改正不正競争防止法の概要」NBL1057号（2015年）8頁。

従業者の日々の業務活動に無用な萎縮効果が生じないように細心の注意を払う必要があることといった事情を総合的に考慮して，未遂罪の対象から除外したものである[48]。

　また，未遂を処罰対象とすることにより，犯罪行為の立証が行いやすくなったという側面もあるように思われる。近時のウィルス等では，感染してもすぐにはわからず，ウィルス等の感染に気がついたときには，すでに何らかの情報が外部に流出してしまっており，また，どの情報が流出したかがわからないということも多い。そのため，既遂のみを処罰対象としている場合には，セキュリティを破って社内システムに入り込んだことまではわかったとしても，実際に取得された情報が何であるかを特定することができず，立証することができないという事態が発生し得る。これに対して，未遂をも処罰対象としていれば，セキュリティを破って社内システムにアクセスしたことさえ示すことができれば，処罰できる可能性がある。

---

[48]　前掲注(6)・経済産業省知的財産政策室編279頁。

226 ■ 第5章　営業秘密漏えいに対する刑事的制裁

4

非親告罪（21条5項）

　営業秘密侵害罪は，すべて非親告罪である。

　平成27年改正前は，21条1項各号は，いずれも親告罪であった。しかし，近年，営業秘密の保有者と，営業秘密漏えいの被害者が必ずしも一致せず，漏えいの被害者が一企業にとどまらないケースが多く発生している。たとえば，個人情報漏えい事案においては，個人情報を管理している企業のみならず，その企業が保有していた個人情報の個人も被害者であるといえる。また，A会社とB会社が，共同開発契約を締結して，A会社の営業秘密である技術情報をB会社に開示した場合において，B会社が営業秘密を盗用されてしまった場合には，実質的な被害者はA会社であるともいえる。もっとも，前者の例では個人情報を保有していた企業，後者の例ではB会社が告訴権者であり，個人やA会社が告訴権者となるわけではない。そのため，公訴提起に告訴が必要な親告罪のままでは，実質的な被害者が存在するにもかかわらず，個人情報を保有していた企業やB会社が告訴を望まないことにより処罰がなされなくなってしまう。しかしながら，このような場合において，営業秘密侵害罪に係る刑事責任追及の可否を一企業の判断のみに委ねることは必ずしも適当ではなく公益的な観点から営業秘密を保護することが重要になってきている[49]。

　そこで，平成27年改正により，営業秘密侵害罪は，すべて非親告罪となった。

---

[49]　前掲注[47]・津田ほか7頁。

5

海外保管情報の窃取
(21条6項)

第21条

6　第1項各号（第9号を除く。），第3項第1号若しくは第2号又は第4
　項（第1項第9号に係る部分を除く。）の罪は，日本国内において事業
　を行う営業秘密保有者の営業秘密について，日本国外においてこれらの
　罪を犯した者にも適用する。

　不正競争防止法で規定される罪についての場所的適用範囲は，原則として属
地主義（日本国内で行われた犯罪について，処罰の対象とする）を採用している。
しかし，営業秘密侵害罪の一部（21条1項1号〜8号，同条3項1号・2号）に
ついては，日本国外で行われた場合であっても処罰する旨の規定が設けられて
いる。

　日本企業のグローバルな事業展開が加速しているため，日本企業が日本国外
において営業秘密を管理することも多くなってきている。また，以前は，日本
企業は，日本国内に保有するサーバにおいて，自らの営業秘密を管理すること
が一般的であった。しかし，近時，通信の高速化，および，ネットワークにお
ける仮想化技術，分散処理技術等の技術の進展と，クラウド・コンピューティ
ング(50)事業者による規模のメリットを生かした低コスト化等により，企業が

---

(50)　クラウド・コンピューティングについては確立した定義は存在しないものの，一般に
　クラウド・コンピューティングの特徴として，高度なスケーラビリティ（拡張性），抽
　象化されたコンピュータリソースであること，サービスとして提供されること，利用料
　金が安価であることが挙げられており，これらの特徴を有するものがクラウド・コン

非常に安価にクラウド・コンピューティングサービスを受けられるようになってきたところ，日本企業が利用するクラウド・コンピューティングサービスのデータセンターが国外にあることも多い。このようなグローバル化が進展する中で，日本国外での営業秘密侵害行為を処罰の対象としないことにすると均衡を欠くため，日本国外での営業秘密侵害の一部（21条1項1号〜8号，3項1号・2号）については，日本国外で行われた場合であっても処罰することとされている。

このように日本企業が日本国外において管理する営業秘密についても保護対象とされていることにより，日本企業が日本国内において管理する営業秘密の国外における使用・開示のみならず，日本企業が日本国外において管理する営業秘密の取得・使用・開示が処罰対象とされることになる。ただし，日本企業の外国支店が国外のサーバで管理している営業秘密には本規定による保護が及び得るが，日本企業の外国子会社が独自に保有する営業秘密については，本規定による保護は及ばない点に留意する必要がある[51]。

営業秘密侵害品の譲渡等（21条1項9号）は，国外での譲渡や輸出入行為を刑事罰の対象とすることの必要性および日本国内を経由しない外国間での流通を刑事罰の対象とすることの許容性等を慎重に検討する必要があるという観点から，国外処罰の対象から除かれている[52]。

　ピューティングと呼ばれることが多い（濱野敏彦「クラウド・コンピューティングの概念整理(1)」NBL918号（2009年）24頁）。
[51]　立法担当者によれば，外国でのみ事業を行う事業者が国外において有する営業秘密を，外国で不正取得・領得・使用・開示することについては，国家主権の関係から，新法においても，従前どおり処罰の対象外となっていると説明されている（前掲注[47]・津田ほか9頁）。
[52]　前掲注(6)・経済産業省知的財産政策室編289頁〜290頁。

6 法定刑，両罰規定（21条１項・３項，22条）および没収（21条10項）

(1) 個人の場合

> 第21条　次の各号のいずれかに該当する者は，10年以下の懲役若しくは2,000万円以下の罰金に処し，又はこれを併科する。
>
> 3　次の各号のいずれかに該当する者は，10年以下の懲役若しくは3,000万円以下の罰金に処し，又はこれを併科する。
>
> 　一　日本国外において使用する目的で，第１項第１号又は第３号の罪を犯した者
>
> 　二　相手方に日本国外において第１項第２号又は第４号から第８号までの罪に当たる使用をする目的があることの情を知って，これらの罪に当たる開示をした者
>
> 　三　日本国内において事業を行う営業秘密保有者の営業秘密について，日本国外において第１項第２号又は第４号から第８号までの罪に当たる使用をした者

　21条１項各号のいずれの場合も，10年以下の懲役もしくは2,000万円以下の罰金またはこれらの併科である（21条１項）。

　さらに，海外における使用を目的とした営業秘密の不正取得，海外の者に対する開示，海外における営業秘密の不正使用といった一定の行為については，

230　■　第5章　営業秘密漏えいに対する刑事的制裁

原則よりも重い法定刑とする「海外重課」となり，10年以下の懲役もしくは
3,000万円以下の罰金，またはこれらの併科である（21条3項）。実際にわが国
の企業の従業員が高額な報酬を受けとって海外企業にわが国の企業の営業秘密
を開示したとされる例が見られ，また，諸外国では同様の立法例が多く存在す
るため，特に法益侵害の程度が高い場合に限って，「海外重課」とされてい
る[53],[54]。

(2)　法人の場合

> 第22条　法人の代表者又は法人若しくは人の代理人，使用人その他の従
> 業者が，その法人又は人の業務に関し，次の各号に掲げる規定の違反行
> 為をしたときは，行為者を罰するほか，その法人に対して当該各号に定
> める罰金刑を，その人に対して各本条の罰金刑を科する。
> 一　前条第3項第1号（同条第1項第1号に係る部分に限る。），第2号
> 　（同条第1項第2号，第7号及び第8号に係る部分に限る。）若しくは
> 　第3号（同条第1項第2号，第7号及び第8号に係る部分に限る。）
> 　又は第4項（同条第3項第1号（同条第1項第1号に係る部分に限
> 　る。），第2号（同条第1項第2号，第7号及び第8号に係る部分に限
> 　る。）及び第3号（同条第1項第2号，第7号及び第8号に係る部分
> 　に限る。）に係る部分に限る。）　10億円以下の罰金刑

---

[53]　前掲注(43)・産業構造審議会知的財産分科会営業秘密の保護・活用に関する小委員会18
　　頁。立法担当者によれば，実際に営業秘密が国外に流出した場合，営業秘密の流出が国
　　内にとどまる場合に比して，わが国の雇用やイノベーションに与える悪影響が大きい上
　　に，司法救済も困難となることを踏まえれば，営業秘密の国外流出に対しては，国内流
　　出に比してより強い抑止力を働かせる必要があると説明されている（前掲注(47)・津田ほ
　　か8頁）。

[54]　2018年12月19日に，香港の光通信部品会社役員が，不正に入手した国内企業の営業秘
　　密を中国で使用したとして，海外重課を適用して追送検されたが，これが海外重課を適
　　用した全国初の立件となった（神奈川新聞2018年12月19日朝刊23面「海外重罰初適用し
　　追送検　中国で営業秘密使用容疑の男　厳罰化で抑止効果期待」）。

二　前条第1項第1号，第2号，第7号，第8号若しくは第9号（同項第4号から第6号まで又は同条第3項第3号（同条第1項第4号から第6号までに係る部分に限る。）の罪に係る違法使用行為（以下この号及び第3項において「特定違法使用行為」という。）をした者が該当する場合を除く。）又は第4項（同条第1項第1号，第2号，第7号，第8号及び第9号（特定違法使用行為をした者が該当する場合を除く。）に係る部分に限る。）　5億円以下の罰金刑

　法人の代表者または法人もしくは個人の代理人，使用人等が，21条1項1号，2号，7号，8号もしくは9号（これらの号に対応する行為に海外重罰規定（21条3項），未遂処罰規定（同条4項）が適用される場合を含む）または21条2項各号の規定に違反する行為をした場合には，行為者を罰するほか，法人または個人も処罰される。

　法人に対する罰金額は，営業秘密侵害罪については「5億円以下の罰金」であり（22条1項2号），海外重罰規定が適用される場合には，「10億円以下の罰金」となる（同項1号）。

(3)　没収に関する手続等の特例

第21条

10　次に掲げる財産は，これを没収することができる。

　一　第1項，第3項及び第4項の罪の犯罪行為により生じ，若しくは当該犯罪行為により得た財産又は当該犯罪行為の報酬として得た財産

　二　前号に掲げる財産の果実として得た財産，同号に掲げる財産の対価として得た財産，これらの財産の対価として得た財産その他同号に掲げる財産の保有又は処分に基づき得た財産

232　■　第5章　営業秘密漏えいに対する刑事的制裁

　営業秘密の不正使用により得られる利益や，営業秘密の不正な持ち出しに対する報酬等が高額になる場合があること，および，罰金刑の制裁としての効果を高めるために営業秘密の侵害者が得ている不正な利益を剥奪する必要があることから，没収の規定が置かれている[55]。

---

[55]　前掲注(6)・経済産業省知的財産政策室編291頁〜292頁。

7

日本版司法取引
（刑事訴訟法350条の２～15）

(1)　日本版司法取引の概要

　平成28年６月３日に公布された，「刑事訴訟法等の一部を改正する法律」（平成28年法律第54号）が平成30年６月１日付で施行され，これにより証拠収集等への協力および訴追に関する合意制度（いわゆる日本版司法取引。以下「合意制度」という）の運用が開始された。

　合意制度の枠組みは，①特定犯罪について，②他人の刑事事件に対する，③捜査等に協力することの見返りとして，④不起訴等のメリットを受けることができる，というものであり，以下その概要を簡単に説明する。

(2)　特定犯罪

　合意制度はあらゆる犯罪に利用できるわけではなく，特定犯罪に係る事件の被疑者または被告人が特定犯罪に係る他人の刑事事件に関する供述・証言・証拠提出等をした場合にのみ認められる（刑事訴訟法350条の２第１項）。すなわち，自らが嫌疑を受けている事件および情報提供の対象となる他人の事件のいずれもが「特定犯罪」でなければならない。

　特定犯罪は，刑事訴訟法350条の２第２項各号に列挙されているところ，３号で，財政経済関係犯罪として政令で定めるものが含まれるとされており，これを受けた刑事訴訟法第三百五十条の二第二号第三号の罪を定める政令30号で

不正競争防止法についても特定犯罪に含められている。

　したがって，本章で述べた不正競争防止法21条1項の違反についても合意制度の適用対象となる。

(3)　他人の刑事事件

　合意制度の適用対象となるのは，他人の刑事事件に関する供述・証言・証拠提出等をした場合であるが，典型的な例は共犯者の一方が他方に関する供述・証言・証拠提供等を行うことである。会社関係犯罪等では，同僚，上司と部下，同業者等が共犯者として想定されるが，部下が上司の関与を取引の対象とすることも可能であるし，また，上司が部下の関与を取引の対象とすることも可能である。

　なお，日本においては法人の犯罪能力は認められておらず，法人そのものが犯罪行為を行うのではなく，法人は個人の犯した犯罪につき，両罰規定により処罰されるという仕組みが採られているが，刑事責任主体としては独立しているため，合意制度に関しては法人も「人」に含まれると解されている。

　そこで，会社が自社の役職員の刑事事件に関する供述・証言・証拠提出等を行うことで合意制度を利用することも，会社の役職員が会社に関する供述・証言・証拠提出等を行うことで合意制度を利用することもできる。

　ちなみに，米国の場合，被疑者・被告人が自らの罪を認める代わりに，検察官から起訴の免除，軽い罪での起訴，軽い求刑といった利益を得ることができる，いわゆる自己負罪型の司法取引が認められているが，合意制度の下ではかかる自己負罪型の司法取引は認められていない。

(4)　捜査等への協力

　被疑者・被告人が合意制度によるメリットを享受するためには，①捜査機関の取調べに対する真実の供述（刑事訴訟法350条の2第1項1号イ），②法廷での

真実の供述（同号ロ），③証拠の提供その他必要な協力（同号ハ）のうち，少なくともいずれかの協力を行うことが必要である。

　なお，①および②に関し，「真実の供述」は，結果として客観的に真実であったか否かは問わず，自己の記憶に従った供述であれば足りるとされているが，合意に反して，捜査機関に虚偽の供述をしたり，偽造・変造した証拠を提出した者は5年以下の懲役に処せられる（同法350条の15第1項）

(5)　協議・合意の方法

　協議は，検察官と被疑者・被告人およびその弁護人との間で行われるものとされ，弁護人の関与が必須とされている（刑事訴訟法350条の4）。そのため，被疑者・被告人に弁護人がいない場合には，合意をすることができない。協議において検察官は，本人に対し，他人の事件に関する具体的供述を求めて聴取することができ（同法350条の5），最終的に合意が成立した場合には，検察官，被疑者・被告人および弁護人が連署した合意書面を作成することになる（同法350条の3第2項）。このように，合意制度における合意の主体は検察官と本人ではあるものの，合意が成立するためには弁護人の同意が必ず必要とされている（同条1項）。

　合意書面への記載事項は法定されてはいないが，①本人の事件を特定する内容，②他人の事件を特定する内容，③本人がすべき協力行為の内容，④検察官による処分の軽減等の内容が，それぞれ具体的な事案に即して記載されることになると考えられている。合意が成立しなかった場合は，協議過程で本人から聴取した供述そのものは，本人の事件でも他人の事件でも証拠として使えないとされている（同法350条の5第2項）。

　なお，合意に至るまでの協議過程において，検察官と弁護人双方において，合意後に相手方が負う義務が履行されることの確実性，それによって得られるメリットとデメリットの程度につき，慎重に検討・協議されることになる。

236 ■ 第5章 営業秘密漏えいに対する刑事的制裁

(6) 享受できるメリット

　合意制度により得られるメリットについては刑事訴訟法350条の2第1項2号に列挙されており，具体的には，不起訴処分（同号イ），公訴の取消し（同号ロ），特定の訴因での起訴（同号ハ），特定の訴因への訴因変更（同号ニ），特定の求刑意見の陳述（同号ホ），即決裁判手続の申立て（同号ヘ），略式命令請求（同号ト）が挙げられている。

(7) 合意後の本人の義務

　検察官との間で合意をした被疑者・被告人は，検察官との間で具体的に合意した協力（捜査機関への供述，裁判での証言，証拠の提出）を履行する義務がある。一方，検察官は，他人の事件の裁判で，合意に基づく供述調書・証言等が証拠として用いられる場合には，合意書面を証拠請求しなければならないとされているため，検察官と合意した内容は，他人の事件の裁判で明らかにされることになる（刑事訴訟法350条の7第1項）。
　なお，被疑者・被告人が合意した義務に違反した場合は，検察官は合意から離脱できる。

(8) 裁判所の関与

　上述のとおり，合意制度の当事者は被疑者・被告人，検察官であり，弁護士がそのプロセスに関与する建付けになっているが，裁判所は合意の当事者ではなく，手続にも関与しないとされているし，合意にも拘束されない。したがって，現実には裁判官において，検察官が合意に基づいて行った措置を受け入れない可能性もあり，その場合，被告人は，合意から離脱できるとされている（刑事訴訟法350条の10第1項2号）。

第 **6** 章

限定提供データの保護

第6章では，平成30年不正競争防止法改正により創設された限定提供データの保護について説明する。

具体的には，限定提供データの創設の背景（後記①），限定提供データの定義（後記②），限定提供データに係る不正競争行為（後記③），限定提供データに係る不正競争行為に対する措置（後記④）について説明する。

1

限定提供データの創設の背景

(1) データの価値の高まりとAIの進展

　近時，大量に集積された情報（ビッグデータ）や，いわゆるAI（人工知能）の利活用により新たなイノベーションの創出の可能性が高まり，その結果としてデータが企業の競争力の源泉としての価値を増している。具体的には，工作機械，橋梁等のセンサから得られる稼働等の状況データ，気象データ，化学物質等の素材データ，自動車の車載センサ，ウェアラブル機器，スマートフォン等から得られる消費等の動向や人流データが想定されている[1]。

　実際，AIの分野において，深層学習（Deep Learning）がブレークスルーとなって成果を挙げ始めている。

　深層学習とは，多層のニューラルネットワーク[2]を用いたコンピュータによる処理（情報処理）を行うものである[3]。ニューラルネットワーク自体は30年以上前に提案され，研究され続けてきているものであるが[4]，多層のニューラルネットワークは，膨大な計算量（コンピュータ処理）が必要になるために，数年前まではあまり行われてこなかった。しかし，最近になって，多層の

---

(1) 産業構造審議会知的財産分科会不正競争防止小委員会作成に係る2018年1月付「データ利活用促進に向けた検討　中間報告」3頁。

(2) ニューラルネットワークとは，人間の脳の機能や構造をまねることによって柔軟で有用な情報処理の実現を目指す情報処理の体系，および，そのシステムをいう（廣瀬明『複素ニューラルネットワーク〔第2版〕』（サイエンス社，2016年）2頁）。

(3) 情報処理推進機構『AI白書　2017』（角川アスキー総合研究所，2018年）33頁。

(4) 合原一幸『ニューラルコンピュータ』（東京電気大学出版局，1988年）54頁〜55頁。

ニューラルネットワークによる情報処理を行うと，精度が急激に向上することが明らかになった。これが「深層学習」と呼ばれるものである。深層学習の中でも，特に画像等について，畳み込みニューラルネットワーク（CNN：Convolutional Neural Network）[5]を用いる深層学習において，顕著な成果があがってきている。

　深層学習による情報処理は，人間が「学習」することによって何かをできるようになることに似ている面があり，人間ではなくコンピュータ（機械）が行うものである点から，機械学習（Machine Learning）と呼ばれる。

　深層学習においては，学習をするためのデータ（以下「学習用データ」という）を準備することが必要になる。そして，深層学習によって，何をどの程度の精度で達成することができるプログラムを作成することを目的とするかによって，必要な学習用データの種類，質，量が大きく変わる。そして，目的に応じた適切な学習用データを準備できるか否かがプログラムの性能を大きく左右する。たとえば，自動走行自動車が搭載したカメラから取得した画像等に基づいて自動走行をするためのプログラムを深層学習によって作成するのであれば，学習用データは，自動走行自動車に搭載されたカメラが取得する画像に関連する画像等になる。そして，自動走行自動車については，事故が生じる可能性をできる限り低減する必要がある。そのため，深層学習によって高い性能の自動走行用のプログラムを作成するためには，天候，道路標識，信号，周辺の物（ほかの車，人，障害物）等についてのさまざまな状況の大量のデータを準備することが必要になる。

　このように，深層学習によって作成するプログラムの性能は，目的に応じた適切な学習用データを準備できるか否かに大きく依存するため，近時，データの価値が高まってきている。

⑸　前掲注⑶・情報処理推進機構35頁～38頁。

⑵　従来の法令によるデータ保護の限界

　前記⑴のとおり，近時，データの価値が高まっているにもかかわらず，以下のとおり，従来の法令では保護が不十分であるため，安心して他社にデータを提供できないという懸念が提起されていた。

　まず，これらのデータには，一定の目的に沿ったかたちで集積されたことに価値があるものがあり，その場合，その中身には公知のものを含んだり，その一部は一定の条件下で社外に広く提供されたりするケースもあり，営業秘密（不正競争防止法2条6項）の要件である秘密管理性や非公知性を満たさない場合があるため，営業秘密による保護では不十分である。

　次に，著作物として保護されるためには創作性が要件となるが（著作権法2条1項1号），一般的にデータ自体が創作性を有することはほとんどないため，著作権法による保護では不十分である[6]。

　そして，民法の不法行為（同法709条）に基づく保護も考えられるが，不正競争防止法で保護されない情報が「法律上保護される利益」として保護されるか否かは必ずしも明らかではない[7]ために予見しづらく，また，原則として差止請求は認められない[8], [9]。さらに，契約により保護するという方法は可能であ

---

[6]　著作権法は，データベースも保護対象としているが，データベースとして保護されるためには，「情報の選択又は体系的な構成によって創作性を有するもの」でなければならないため（同法12条の2），どのデータを集めるか，または，どのようにデータを並べるかについて工夫がなされている結果，創作性が認められるものでなければ保護されない。したがって，著作権法では保護が不十分といわざるを得ない。

[7]　個別の知的財産法の保護の規律が及ばない成果の利用行為に対して一般不法行為該当性を否定した最判平成23・12・8民集65巻9号3275頁の基準の下で，個別のデータ利用行為に関して一般不法行為該当性を否定するものとして，田村善之「ビッグ・データの不正利用行為規制の新設について―平成30年不正競争防止法改正の解説―」法学教室462号（2019年）67頁。これに対し，ビッグデータの利用行為について，一般不法行為による保護の可能性を必ずしも否定しないものとして，上野達弘「自動集積される大量データの法的保護」パテント70巻2号（2017年）33頁。

[8]　我妻榮ほか『我妻・有泉コンメンタール民法―総則・物権・債権―〔第5版〕』（日本評論社，2018年）1496頁。

[9]　不法行為（民法709条）では原則として差止請求は認められないために，不正競争防止法では，損害賠償請求権に加えて，特に差止請求権を付与している（経済産業省知的財産政策室編『逐条解説　不正競争防止法〔第2版〕』（商事法務，2019年）23頁）。

242 ■ 第6章　限定提供データの保護

るが，契約による場合には，契約当事者以外の者には契約に基づく請求を行う
ことができない。すなわち，第三者がこれらのデータを不正に取得し，使用・
開示した場合には，不正アクセス禁止法等の刑罰法規に該当する場合に刑事告
訴する途は残されているものの，その要件は厳格である上に，民事の枠組みで
損害賠償・差止めによる救済を求めることはできない。

　このように，従来の法令では，これらのデータの保護には限界があった。

(3)　不正競争防止小委員会等における検討経緯

　前記(2)のとおり，従来の法令では保護が不十分であるため，新たな法制度の
整備を行わなければデータの安全な流通を妨げられ，データの有益な取引が進
められなくなるおそれがあるという問題意識から，法制面においての検討が進
められた。

　知的財産戦略本部の「新たな情報財検討委員会」では，新たな保護制度とし
て，データに係る不正行為を類型化して規律することが適当であるとされた。
これに対して，新たに排他的な権利の付与を行う方法についても検討されたが，
排他的な権利を与えると権利者が利用を拒否することができることとなるため，
データの利活用促進という観点から望ましくないとされた[10]。

　そして，経済産業省の産業構造審議会知的財産分科会「営業秘密の保護・活
用に関する小委員会」において，データの不正取得行為等を新たな不正競争行
為として位置づけるという方向性が示された[11]。

　さらに，経済産業省の産業構造審議会知的財産分科会「不正競争防止小委員
会」においては，安心してデータを提供できる制度の導入を求める声があった
一方で，過度に広範な行為を「不正競争行為」とすればデータの利活用を阻害

---

[10]　知的財産戦略本部「新たな情報財検討委員会報告書（平成29年3月）」（https://www.
kantei.go.jp/jp/singi/titeki2/tyousakai/kensho_hyoka_kikaku/2017/johozai/houkokus
ho.pdf）。

[11]　産業構造審議会　知的財産分科会　営業秘密の保護・活用に関する小委員会「第四次
産業革命を視野に入れた不正競争防止法に関する検討　中間とりまとめ（平成29年5
月）」（http://www.meti.go.jp/report/whitepaper/data/pdf/20170509001_1.pdf）。

するとの懸念が表明された。そこで，データの提供者と利用者の保護のバランスを考慮して，悪質性の高い行為に限定して新たな「不正競争行為」を創設することとした。一方で，刑事措置については今後の状況を踏まえて引き続き検討することとして，平成30年改正では導入しないこととされた[(12)]。これらの検討を経て，2018年2月27日に「不正競争防止法等の一部を改正する法律案」が閣議決定され，同案が第196回通常国会に提出され，同年5月23日に成立し，同月30日に「不正競争防止法等の一部を改正する法律」（法律第33号）が公布された。この改正法は，2019年7月1日から施行される（不正競争防止法等の一部を改正する法律の施行期日を定める政令，2018年9月7日閣議決定）。

　2019年1月23日には，経済産業省が，限定提供データの各要件の考え方，該当する行為等の具体例を盛り込んだガイドラインとして，「限定提供データに関する指針」（以下「限定提供データガイドライン」という）を公表した。

---

(12)　産業構造審議会　知的財産分科会　不正競争防止小委員会「データ利活用促進に向けた検討　中間報告（平成30年1月）」（http://www.meti.go.jp/report/whitepaper/data/pdf/20180124001_01.pdf）。

244　■　第6章　限定提供データの保護

2

限定提供データ（不正競争防止法2条7項）の定義

　限定提供データは，不正競争防止法2条7項において，以下のとおり，定義されている。以下では，限定提供データの要件について説明する。

（定義）

第2条

7　この法律において「限定提供データ」とは，業として特定の者に提供する情報として電磁的方法（電子的方法，磁気的方法その他人の知覚によっては認識することができない方法をいう。次項において同じ。）により相当量蓄積され，及び管理されている技術上又は営業上の情報（秘密として管理されているものを除く。）をいう。

---

(1)　限定提供性（「業として特定の者に提供」）

　「業として」とは，データ保有者の反復継続して提供する意思が認められる場合をいう。反復継続的に提供している場合，または，まだ実際にはデータ保有者がデータの提供を行っていない場合であっても，データ保有者の反復継続して提供する意思が認められる場合には，「業として」に該当する。たとえば，データ保有者が，翌月からデータの販売を開始する旨をウェブサイトで公開している場合には，原則として「業として」に該当する。また，事業として提供

している場合には，基本的には「業として」に該当する[13]。

データ保有者は，法人であるか，個人であるかを問わない。また，営利・非営利を問わない[14], [15]。

「特定の者」とは，一定の条件の下でデータ提供を受ける者をいう。特定されていれば，実際にデータ提供を受けている人数の多寡は問わない。たとえば，(i)会費を払えば誰でも提供を受けられるデータについて会費を支払って提供を受ける者や，(ii)データを共有するコンソーシアムが，参加について一定の資格要件を課している場合において，当該コンソーシアムに参加する者が該当する[16]。

(2)　電磁的管理性（「特定の者に提供する情報として電磁的方法……により……蓄積され，及び管理されている」）

「電磁的方法」とは，「電子的方法，磁気的方法その他人の知覚によっては認識することができない方法をいう」（不正競争防止法2条7項括弧書）。

限定提供データの要件として電磁的管理性が求められるのは，データ保有者がデータを提供する際に，「特定の者」に対してのみ提供するものとして管理する意思が外部に対して明確に示されることによって，「特定の者」以外の第三者の予見可能性や，経済活動の安定性を確保するためである[17]。

電磁的管理性の要件が満たされるためには，特定の者に対してのみ提供するものとして管理するという保有者の意思を第三者が一般的にかつ容易に認識できるかたちで管理されている必要がある[18]。

アクセス制限は，通常，ユーザーの認証により行われ，認証の方法としては，

---

[13]　本パラグラフにつき，限定提供データガイドライン8頁。
[14]　経済産業省知的財産政策室「不正競争防止法平成30年改正の概要」NBL1126号（2018年）15頁。
[15]　岡村久道「平成30年改正不正競争防止法によるデータ保護」ジュリ1525号（2018年）17頁。
[16]　本パラグラフにつき，限定提供データガイドライン9頁。
[17]　限定提供データガイドライン10頁。
[18]　限定提供データガイドライン10頁。

①特定の者のみが持つ知識による認証（ID，パスワード，暗証番号等），②特定の者の所有物による認証（ICカード，磁気カード，特定の端末機器，トークン等），③特定の者の身体的特徴による認証（生体情報等）等が挙げられる[19],[20]。一方，たとえば，DVDで提供されているデータについて，当該データの閲覧はできるが，コピーができないような措置が施されている場合には，原則として「電磁的管理性」の要件は満たさない[21]。

(3) 相当蓄積性（「電磁的方法……により相当量蓄積」）

「相当量蓄積」とは，データが，電磁的方法により有用性を有する程度に蓄積していることをいう[22]。

「相当量」に該当するか否かは，個々のデータの性質に応じて判断され，社会通念上，電磁的方法により蓄積されることによって価値を有するものが該当する。この判断においては，当該データが電磁的方法により蓄積することによって生み出される付加価値，利活用の可能性，取引価格，収集・解析にあたって投じられた労力，時間，費用等が勘案されるものと考えられる[23]。

(4) 「技術上又は営業上の情報」

「技術上又は営業上の情報」には，利活用されている（または利活用が期待される）情報が広く該当する。「技術上」の情報の具体例としては，地図データ，機械の稼働データ，学習用データ等が挙げられる。また，「営業上」の情報の具体例としては，消費動向データ，市場調査データ等が挙げられる[24]。

一方，違法な情報や，これと同視し得る公序良俗に反する有害な情報につい

---

(19) 本パラグラフにつき，限定提供データガイドライン10頁。
(20) 織茂昌之『情報セキュリティの基礎』（日本理工出版会，2002年）30頁～31頁。
(21) 限定提供データガイドライン11頁。
(22) 限定提供データガイドライン9頁。
(23) 限定提供データガイドライン9頁。
(24) 限定提供データガイドライン12頁。

ては，不正競争防止法の目的を踏まえると，「技術上又は営業上の情報」に該当しないものと考えられる。具体例としては，児童ポルノ画像データ，麻薬等の違法薬物の販売広告データ，名誉棄損罪に相当する内容のデータが挙げられる[25]。

⑸ 「（秘密として管理されているものを除く。）」

「秘密として管理されているものを除く」とは，「営業秘密」と「限定提供データ」の両方で重複して保護を受けることを避ける趣旨の要件である[26], [27]。

たとえば，料金を支払えば会員になれる会員限定データベース提供事業者が，会員に対し，当該データにアクセスできるID・パスワードを付与する場合は，原則として「秘密として管理されているもの」には該当しない[28]。

⑹ 「無償で公衆に利用可能となっている情報」の除外

不正競争防止法（19条1項8号ロ）には，以下のとおり規定されている。

（適用除外等）

第19条　第3条から第15条まで，第21条（第2項第7号に係る部分を除く。）及び第22条の規定は，次の各号に掲げる不正競争の区分に応じて当該各号に定める行為については，適用しない。

　八　第2条第1項第11号から第16号までに掲げる不正競争　次のいずれかに掲げる行為

---

(25)　限定提供データガイドライン12頁。
(26)　限定提供データガイドライン13頁。
(27)　前掲注(15)・岡村18頁。
(28)　限定提供データガイドライン13頁。

ロ　その相当量蓄積されている情報が無償で公衆に利用可能となって
いる情報と同一の限定提供データを取得し，又はその取得した限定
提供データを使用し，若しくは開示する行為

　本規定は，限定提供データに関する不正競争行為の適用除外についての規定
であるが，「無償で公衆に利用可能となっている情報と同一の限定提供データ」
については，取得，使用および開示行為に該当しないことになるため，実質的
に，「無償で公衆に利用可能となっている情報と同一の限定提供データ」は，
「限定提供データ」として保護されないということになる。
　「無償」とは，データの提供を受けるにあたり，金銭の支払が必要ない（無
料である）場合である。ただし，金銭の支払が不要であっても，データの提供
を受ける見返りとして自らが保有するデータを提供することが求められる場合
や，そのデータが付随する製品を購入した者に限定してデータが提供される場
合等，データの経済価値に対する何らかの反対給付が求められる場合には，
「無償」には該当しないものと考えられる。なお，①データ提供の際に，金銭
の授受はないが，ライセンス条項において，「提供を受けたデータを引用する
際には，出典を示すこと」が条件とされている場合，②データ提供の際に，
データ自体に関して金銭の支払は求められないが，データを保存するＣＤの実
費やその送料等の実費の支払が求められる場合，③誰でも無償でインターネッ
トを介してアクセスすることができるデータであって，当該データをアップ
ロードしているウェブサイトの運営者が広告による収入を得ている場合は，原
則として「無償」に該当する[29]。
　「公衆に利用可能」とは，誰でも容易にアクセスできるウェブサイトにアッ
プロードされているデータのように，不特定多数の者が当該データにアクセス
可能であることをいう。当該データの利用について一定の義務（たとえば，出

───────────
[29]　本パラグラフにつき，限定提供データガイドライン15頁。

典の明示等）が課されている場合であっても，不特定かつ多数の者がアクセス可能であれば，「公衆に利用可能」に該当する[30]。

「同一」とは，形式的に同一でなくとも，実質的に同一であれば足りると解される[31]。たとえば，無償で公衆に利用可能となっている情報である政府が提供する統計データの一部または全部を単純かつ機械的に並べ替えたり（年次順に並んでいるデータを昇順に並べ替える等），統計データの一部を単純かつ機械的に切り出したりして（平成22年以降のデータのみを抽出する等）提供している場合には，原則として「同一」に該当する[32]。

---

[30] 本パラグラフにつき，限定提供データガイドライン15頁。
[31] 本パラグラフにつき，前掲注(15)・岡村18頁。
[32] 限定提供データガイドライン16頁～17頁。

250　■　第6章　限定提供データの保護

3

限定提供データに係る
不正競争行為

⑴　不正競争行為類型の概要

　限定提供データに係る不正競争行為は，不正競争防止法2条1項11号〜16号
の6つの類型から成り，**図表6-1**のとおり，11号〜13号が不正取得行為につ
いての類型，14号〜16号が著しい信義則違反についての類型である。以下，各
類型について説明する。

（図表6-1）　限定提供データに係る不正競争行為

	不正取得行為・ 不正開示行為	データ取得時に不正取得 行為・不正開示行為を 知っていた場合	データ取得時に不正取得行 為・不正開示行為を知らず， その後に知った場合
不正取得 類型	11号	12号	13号
著しい信 義則違反 類型	14号	15号	16号

(2) 第11号

> （定義）
> 第2条　この法律において「不正競争」とは，次に掲げるものをいう。
> 　十一　窃取，詐欺，強迫その他の不正の手段により限定提供データを取
> 　　　得する行為（以下「限定提供データ不正取得行為」という。）又は限
> 　　　定提供データ不正取得行為により取得した限定提供データを使用し，
> 　　　若しくは開示する行為

　2条1項11号の不正競争行為は，①窃取，詐欺，強迫その他の不正の手段により限定提供データを取得する行為（不正取得行為），および，②不正取得行為によって取得した限定提供データを使用，または，開示する行為である。以下，要件について説明した上で，具体例を挙げる。

ア　要　件

　本号は，営業秘密に係る不正取得行為についての不正競争防止法2条1項4号と同様に，アクセス権限のない者が窃取，詐欺，強迫，不正アクセス行為等の法規違反やこれに準ずる程度の公序良俗違反の手段によって，ID・パスワード，暗号化等によるアクセス制限を施した管理を破り，データ保有者から限定提供データを取得する行為や，当該取得行為後に使用・開示する行為を「不正競争」と位置づけている[33]。

　「窃取，詐欺，強迫その他の不正の手段」のうち，「窃取」，「詐欺」，「強迫」は，不正の手段の例示として挙げられている。「その他の不正の手段」とは，窃盗罪や詐欺罪等の刑罰法規に該当するような行為のみならず，社会通念上，

---

[33]　前掲注(14)・経済産業省知的財産政策室16頁。

252 ■ 第6章　限定提供データの保護

これと同等の違法性を有すると判断される公序良俗に反する手段を用いる場合
も含まれると考えられる。すなわち，この「その他の不正の手段」としては，
不正アクセス行為の禁止等に関する法律（以下「不正アクセス禁止法」という）
に違反する行為，刑法上の不正指令電磁的記録を用いる行為等の法令違反の行
為や，これらの行為に準ずる公序良俗に反する手段によって，ID・パスワー
ドや暗号化等によるアクセス制限を施した管理を破ること等が想定されてい
る[34]。

　「取得」とは，データを自己の管理下に置くことをいう。たとえば，データ
が記録されている媒体等を介して自己または第三者がデータ自体を手に入れる
行為，データの映っているディスプレイを写真に撮る行為，（自己のパソコンの
ハードディスク，USBメモリ等にデータを保存することなく，）自己のアカウント
に係るクラウド・コンピューティングサービスで自らデータを利用できる状態
にする行為，データを紙にプリントアウトして持ち出す行為等が挙げられ
る[35]。

　「使用」とは，データを用いる行為である。たとえば，データを用いて深層
学習を行う行為，データを用いて深層学習を行うためのデータを作成する行為，
データと別途収集したデータを合わせて整理してデータベースを作成する行為
等が挙げられる[36]。

　「開示」とは，データを第三者が知ることができる状態に置くことをいう。
実際に第三者が知ることまでは必要ない。また，「開示」の相手方が「取得」
に至っていることも必要ではないと考えられるため，誰でも容易にアクセス可
能なウェブサイトのサーバにデータをアップロードする行為も，開示に該当す
ると考えられる[37]。

---

[34]　本パラグラフにつき，限定提供データガイドライン22頁〜23頁。
[35]　限定提供データガイドライン19頁。
[36]　本パラグラフにつき，限定提供データガイドライン19頁〜20頁。
[37]　限定提供データガイドライン20頁〜21頁。

イ　具体例

　限定提供データの「取得」の具体例としては，(i)データ提供事業者Aが会員のみに対してデータの提供を行っている場合において，会員ではないXが，データ提供事業者Aが保存していたデータを，会員のID・パスワードを会員の許諾なく用いて取得する場合や，(ii)A会社の従業員Xが，A会社の情報管理室の操作担当者Yに虚偽の事実を述べて，A会社のデータを電子記録媒体に保存させて，当該電子記録媒体を取得する場合が挙げられる。

　また，「使用」の具体例としては，前記(i)の具体例によりデータを取得したXが，当該データを用いて深層学習を行う場合が挙げられる。さらに，「開示」の具体例としては，前記(i)の具体例によりデータを取得したXが，データブローカーBに対して当該データを販売する行為が挙げられる。

(3)　第12号

（定義）

第２条　この法律において「不正競争」とは，次に掲げるものをいう。

　　十二　その限定提供データについて限定提供データ不正取得行為が介在
　　　　　したことを知って限定提供データを取得し，又はその取得した限定提
　　　　　供データを使用し，若しくは開示する行為

　2条1項12号の不正競争行為は，①ある限定提供データが不正な取得行為によって取得されたものであることを知って，その限定提供データを取得する行為，および，②①の行為によって取得した限定提供データを使用し，または，開示する行為である。以下，要件について説明した上で，具体例を挙げる。

ア　要　件

　本号は，限定提供データは，複製が容易であり，拡散するおそれが高いこと

254 ■ 第6章 限定提供データの保護

に鑑み，取引の安全との均衡を図りつつ，限定提供データの不正取得行為が介在した場合における不正取得行為者からの直接または間接の取得者の行為についても，一定の場合には不正競争行為とするものである。

営業秘密の場合には，「重大な過失により知らないで」営業秘密を取得した場合も不正競争行為としているのに対して（不正競争防止法2条1項5号），本号では，「重大な過失により知らないで」限定提供データを取得した場合は不正競争行為の対象とせず，「知って」いた場合のみを対象としている。これは，限定提供データに係る不正競争行為は悪質性の高い行為に限定するべきであり，入手経路についての注意義務を転得者に課すべきではないと考えられたことによる[38]。

「介在」とは，自らが取得する前のいずれかの時点で不正取得行為がなされたことをいう。したがって，不正取得行為を行った者から直接取得する場合だけでなく，間接的に取得する場合であっても，取得時に不正取得行為があったことについて悪意であるのであれば，その取得行為，取得後の使用行為および開示行為は不正競争行為になる[39]。

「知って」に該当するためには，①限定提供データ不正取得行為の存在と，②限定提供データ不正取得行為が行われたデータと転得した（転得する）データとが同一であること（データの同一性）の両者について認識していることが必要である[40]。

イ　具体例

限定提供データの「取得」の具体例としては，A会社が，ハッカーXが不正アクセス行為により取得したデータであることを知りながら，当該データをハッカーXから買い取る場合が挙げられる。

また，「使用」の具体例としては，前記の具体例により限定提供データを取

---

[38]　前掲注(12)・産業構造審議会　知的財産分科会　不正競争防止小委員会11頁。
[39]　本パラグラフにつき，限定提供データガイドライン37頁。
[40]　限定提供データガイドライン37頁〜38頁。

得したＡ会社が，当該データを用いて自社のソフトウェア開発を行う場合が挙げられる。さらに，「開示」の具体例としては，前記の具体例によりデータを取得したＡ会社が，当該データをデータブローカーＢに販売する行為が挙げられる。

(4) 第13号

（定義）
第２条 この法律において「不正競争」とは，次に掲げるものをいう。
　十三 その取得した後にその限定提供データについて限定提供データ不正取得行為が介在したことを知ってその取得した限定提供データを開示する行為

２条１項13号の不正競争行為は，ある限定提供データが不正な取得行為によって取得されたものであることを知らずに取得し，その後に当該限定提供データに不正取得行為が介在したことを知って，当該限定提供データを開示する行為である。第12号が不正な取得行為の介在を知って取得等する場合であるのに対して，第13号は取得時には不正な取得行為の介在を知らず，その後に知った場合である。以下，要件について説明した上で，具体例を挙げる。

ア 要 件

本号は，第12号の場合と同様に，限定提供データは，複製が容易であり，拡散するおそれが高いことに鑑み，取引の安全との均衡を図りつつ，限定提供データの不正取得行為が介在した場合における不正取得行為者からの直接または間接の取得者の行為についても，一定の場合には不正競争行為とするものである。

「介在」，「知って」の意味は，前記(3)アを参照されたい。

また，「重大な過失により知らないで」限定提供データを取得した場合は不正競争行為の対象とせず，「知って」いた場合のみを対象としている点についても前記(3)アの第12号の場合と同様である。そして，営業秘密の場合（不正競争防止法2条1項6号）および第12号の場合には，使用行為と開示行為の両方を不正競争行為としているのに対して，本号では開示行為のみを不正競争行為としている。

さらに，開示行為についても，以下のとおり，取引によって取得した権原の範囲内において限定提供データを開示する行為は，不正競争行為に該当しない（不正競争防止法19条1項8号イ）。限定提供データの取得時に，不正取得行為を知らない者に過大な責任を負わせることになると，限定提供データの利活用や流通を阻害するおそれがあるために，適用除外としているものである[41]。

したがって，限定提供データの受領者としては，受領時にその限定提供データが不正に取得したものであることを知らなければ，自ら利用することは制限されず，また，受領時に締結する契約の範囲内で第三者に提供することは引き続き行うことができることになる。

（適用除外等）

第19条　第3条から第15条まで，第21条（第2項第7号に係る部分を除く。）及び第22条の規定は，次の各号に掲げる不正競争の区分に応じて当該各号に定める行為については，適用しない。

八　第2条第1項第11号から第16号までに掲げる不正競争　次のいずれかに掲げる行為

イ　取引によって限定提供データを取得した者（その取得した時にその限定提供データについて限定提供データ不正開示行為であること又はその限定提供データについて限定提供データ不正取得行為若し

---

(41)　前掲注(15)・岡村20頁。

> くは限定提供データ不正開示行為が介在したことを知らない者に限
> る。）がその取引によって取得した権原の範囲内においてその限定
> 提供データを開示する行為

イ　具体例

　データ流通事業者Aが，データ提供事業者Bとの間でデータ利用契約を締結
し，データ提供事業者Bからデータの提供を受けた後になって，当該データが，
データ提供事業者Bが不正取得行為により取得したデータであると知ったにも
かかわらず，データ流通事業者Aが，その後にC会社に当該データを販売する
場合が挙げられる。

　前記アの適用除外（不正競争防止法19条1項8号イ）の具体例としては，前記
の具体例において，データ流通事業者Aが，データ提供事業者Bによる当該不
正取得行為が介在したことを知る前に，データ提供事業者Bとの間で締結した
データ利用契約において，3年間は第三者に対して当該データの販売をするこ
とができる旨が規定されており，当該3年の間に，データ流通事業者Aが当該
データをC会社に販売する場合が挙げられる（この場合，当該データ流通事業者
Aの行為は不正競争行為には該当しないこととなる）。

(5)　第14号

> （定義）
> 第2条　この法律において「不正競争」とは，次に掲げるものをいう。
> 　　十四　限定提供データを保有する事業者（以下「限定提供データ保有
> 　　　　者」という。）からその限定提供データを示された場合において，不
> 　　　　正の利益を得る目的で，又はその限定提供データ保有者に損害を加え

258 ■ 第6章 限定提供データの保護

> る目的で，その限定提供データを使用する行為（その限定提供データ
> の管理に係る任務に違反して行うものに限る。）又は開示する行為

2条1項14号の不正競争行為は，限定提供データを保有する事業者（以下
「限定提供データ保有者」という）からその限定提供データを示された場合に，
不正の利益を得る目的，または，限定提供データ保有者に損害を加える目的で，
使用（その限定提供データの管理に係る任務に違反して行う使用に限る），または，
開示する行為である。以下，要件について説明した上で，具体例を挙げる。

ア　要　件

本号は，限定提供データ保有者が，限定提供データにアクセス権限を有する
業務委託先等に対して限定提供データを示した場合に，当該業務委託先等が不
正の利益を得る目的，または，限定提供データ保有者に阻害を加える目的（図
利・加害目的）で，その限定提供データを保有者から許されない態様（第三者
提供禁止義務違反，目的外使用禁止義務違反）で，使用，または，開示する行為
を「不正競争」と位置づけている[42]。

「使用」，「開示」の意味は，前記(2)アを参照されたい。本号は，限定提供
データ保有者から正当に開示された場合であるから，「取得」は不正競争行為
の対象外である。

本号は，「開示」行為については営業秘密の信義則違反類型（2条1項7号）
と同様に，図利・加害目的のみを要件としている。これに対して，「使用」行
為については図利・加害目的に加えて，限定提供データ保有者と正当に限定提
供データを示された者（取得者）との間の委託信任関係が存在し，その委託信
任関係に基づく任務（限定提供データの管理に係る任務）に違反して行う行為，
すなわち，横領・背任に相当する悪質性の高い行為に限定している[43]。図利・

---

(42)　前掲注(14)・経済産業省知的財産政策室18頁。
(43)　前掲注(14)・経済産業省知的財産政策室18頁。

③ 限定提供データに係る不正競争行為 ■ 259

加害目的（不正の利益を得る目的，または，限定提供データ保有者に阻害を加える目的）の意味は，前記第4章④(5)（2条1項7号）を参照されたい。

イ　具体例

限定提供データの「使用」の具体例としては，(i)A会社が，システム開発会社Bに対して，A会社が委託したデータ分析のためのみに使用するという合意の下で分析対象データを提供したにもかかわらず，システム開発会社Bが，C会社から委託を受けているソフトウェアの開発に当該データを使用する場合や，(ii)A会社の従業員Xが，上司である従業員Yからデータを記録した電子記録媒体を業務で使用する目的で受け取った後，当該電子記録媒体を自宅に持ち帰り，A会社を退職後に，自らプログラムを作成して販売することを目的として，当該電子記録媒体に記録されているデータを用いた深層学習を行う場合が挙げられる。

限定提供データの「開示」の具体例としては，前記の具体例(i)においてシステム開発会社Bが，当該データを，データブローカーDに販売する場合が挙げられる。

(6)　第15号

> （定義）
> 第2条　この法律において「不正競争」とは，次に掲げるものをいう。
> 　十五　その限定提供データについて限定提供データ不正開示行為（前号
> 　　　　に規定する場合において同号に規定する目的でその限定提供データを
> 　　　　開示する行為をいう。以下同じ。）であること若しくはその限定提供
> 　　　　データについて限定提供データ不正開示行為が介在したことを知って
> 　　　　限定提供データを取得し，又はその取得した限定提供データを使用し，
> 　　　　若しくは開示する行為

260 ■ 第6章 限定提供データの保護

　2条1項15号の不正競争行為は，①14号に該当する限定提供データの不正開示行為であること，または，当該不正開示行為が介在したことを知って，②その限定提供データを取得し，または，その取得した限定提供データを使用または開示する行為である。以下，要件について説明した上で，具体例を挙げる。

　ア　要　件

　本号は，限定提供データは，複製が容易であり，拡散するおそれが高いことに鑑み，取引の安全との均衡を図りつつ，限定提供データの不正開示行為が介在した場合における不正取得行為者からの直接または間接の取得者の行為についても，一定の場合には不正競争行為とするものである。

　「介在」とは，自らが取得する前のいずれかの時点で不正開示行為がなされたことをいう。したがって，不正開示行為を行った者から直接取得する場合だけでなく，間接的に取得する場合であっても，取得時に不正開示行為があったことについて悪意であるのであれば，その取得行為，取得後の使用行為および開示行為は不正競争行為になる[44]。

　「知って」に該当するためには，①限定提供データ不正開示行為の存在と，②限定提供データ不正開示行為が行われたデータと転得した（転得する）データとが同一であること（データの同一性）の両者について認識していることが必要である[45]。

　また，「重大な過失により知らないで」限定提供データを取得した場合は不正競争行為の対象とせず，「知って」いた場合のみを対象としている点についても前記(3)アの第12号の場合と同様である。

　イ　具体例

　限定提供データの「取得」の具体例としては，A会社が，システム開発会社Bに対して，A会社が委託したデータ分析のためのみに使用するという合意の

---

[44]　本パラグラフにつき，限定提供データガイドライン37頁。
[45]　限定提供データガイドライン37頁～38頁。

③　限定提供データに係る不正競争行為　▓　*261*

下で分析対象データを提供したところ，Ａ会社の競合会社であるＣ会社が，システム開発会社ＢがＣ会社に対して当該データを提供する行為が，システム開発会社Ｂが図利・加害目的に基づいて行う不正な開示行為であることを知った上で，システム開発会社Ｂから当該データを買い取る場合が挙げられる。

　限定提供データの「使用」の具体例としては，前記の具体例において，Ｃ会社が，当該データを用いて，ソフトウェア開発を行う場合が挙げられる。

　限定提供データの「開示」の具体例としては，前記の具体例において，Ｃ会社が，当該データをデータブローカーＤに販売する場合が挙げられる。

(7)　第16号

> （定義）
> 第２条　この法律において「不正競争」とは，次に掲げるものをいう。
> 　十六　その取得した後にその限定提供データについて限定提供データ不
> 　　　正開示行為があったこと又はその限定提供データについて限定提供
> 　　　データ不正開示行為が介在したことを知ってその取得した限定提供
> 　　　データを開示する行為

　２条１項16号の不正競争行為は，限定提供データを取得した後になって，その取得が不正開示行為による取得であること，または，限定提供データを取得するまでに不正開示行為が介在したことを知って，その限定提供データを開示する行為である。第15号が不正な開示行為または不正な開示行為の介在を知って取得等する場合であるのに対して，第16号は取得時には不正な開示行為または不正な開示行為の介在を知らず，その後に知った場合である。以下，要件について説明した上で，具体例を挙げる。

ア 要 件

本号は，第15号の場合と同様に，限定提供データは，複製が容易であり，拡散するおそれが高いことに鑑み，取引の安全との均衡を図りつつ，限定提供データの不正開示行為が介在した場合における不正取得行為者からの直接または間接の取得者の行為についても，一定の場合には不正競争行為とするものである。

「介在」，「知って」の意味は，前記(6)アを参照されたい。

また，「重大な過失により知らないで」限定提供データを取得した場合は不正競争行為の対象とせず，「知って」いた場合のみを対象としている点についても前記(3)アの第12号の場合と同様である。そして，営業秘密の場合（不正競争防止法2条1項9号）および第12号の場合には，使用行為と開示行為の両方を不正競争行為としているのに対して，本号では開示行為のみを不正競争行為としている。

さらに，開示行為についても，前記(4)アのとおり，取引によって取得した権原の範囲内において限定提供データを開示する行為は，不正競争行為に該当しない（不正競争防止法19条1項8号イ）。限定提供データの取得時に不正取得行為を知らない者に過大な責任を負わせることになると，限定提供データの利活用や流通を阻害するおそれがあるために，適用除外としているものである[46]。

したがって，限定提供データの受領者としては，受領時にその限定提供データについて不正開示行為が介在したことを知らなければ，自ら利用することは制限されず，また，受領時に締結する契約の範囲内で第三者に提供することは引き続き行うことができることになる。

イ 具体例

A会社が，B会社との間でデータ利用契約を締結し，B会社からデータの提供を受けた後になって，当該データは，B会社が，C会社との間で共同開発契

---

[46]　前掲注(15)・岡村21頁脚注12。

約を締結した上でＣ会社から提供を受けたデータであり，当該共同開発契約により当該データをＣ会社との共同開発以外の目的で使用・開示することが禁止されていることを知ったにもかかわらず，その後にＡ会社が当該データをＤ会社に販売する行為が挙げられる。

前記アの適用除外（不正競争防止法19条１項８号イ）の具体例としては，前記の具体例において，Ａ会社が，Ｂ会社からＡ会社に対するデータの提供がＢ会社の不正開示行為であることを知る前に，Ａ会社がＢ会社との間で締結したデータ利用契約において，３年間は当該データの販売をすることができる旨が規定されており，当該３年の間に，Ａ会社が当該データをＤ会社に販売する場合が挙げられる（この場合，当該Ａ会社の行為は不正競争行為には該当しないこととなる）。

(8) 限定提供データに係る不正競争行為と，営業秘密に係る不正競争行為の比較

限定提供データに係る不正競争行為については，営業秘密に係る不正競争行為の規定を参考にして，必要な規定が設けられており[47]，概ね，**図表６－２**のとおりの対応関係になっている。

営業秘密に係る不正競争行為のうち，10号では，一定の場合に営業秘密を使用することにより生じた物の譲渡等について不正競争行為としているのに対して，限定提供データに係る不正競争行為には，10号に対応する規定は存在しない[48]。

---

[47]　前掲注(14)・経済産業省知的財産政策室17頁。

[48]　営業秘密の「使用」については，立法担当者は，「営業秘密を使用して製造された製品を販売する行為等は，営業秘密の使用行為には該当しない」としているが（通商産業省知的財産政策室監修『営業秘密―逐条解説改正不正競争防止法』（有斐閣，1990年）76頁），裁判例においては，営業秘密を使用して製造された製品についても使用に該当するとしている裁判例が見られる（東京高判平成14・１・24カートクレーン設計図不正取得事件，大阪地判平成15・２・27セラミックコンデンサー設計図不正取得事件）。したがって，限定提供データについても，限定提供データを使用することにより生じた物の譲渡が，限定提供データに係る不正競争行為のうち，「使用」に該当すると判断される可能性があるものと思われる。

264　■　第6章　限定提供データの保護

（図表6-2）　限定提供データに係る不正競争行為と，営業秘密に係る不正競争行為の比較

限定提供データに係る不正競争行為	対応する営業秘密に係る不正競争行為	営業秘密に係る不正競争行為と異なる点
11号	4号	
12号	5号	重過失は対象外
13号	6号	①　重過失は対象外 ②　「使用」行為は対象外 ③　取引によって取得した権原の範囲内の「開示」は適用除外（19条1項8号イ）
14号	7号	
15号	8号	重過失は対象外
16号	9号	①　重過失は対象外 ②　「使用」行為は対象外 ③　取引によって取得した権原の範囲内の「開示」は適用除外（19条1項8号イ）

⑼　まとめ

　不正競争防止法における限定提供データに関する不正競争行為（2条1項11号から16号）は，大きく2つに分けることができる。

　2条1項11号から13号までは，不正取得行為についての類型である。⑴11号は，①限定提供データの不正取得行為，②不正取得した限定提供データの使用・開示行為，⑵12号は，①不正取得行為が介在したことを知って，限定提供データを取得（転得）する行為，②当該取得（転得）した限定提供データの使用・開示行為，⑶13号は，限定提供データの取得後（転得後）に，不正取得行為の介在を知って行う開示行為である。

　一方，2条1項14号から16号までは，著しい信義則違反についての類型である。⑴14号は，限定提供データ保有者から開示を受けた者が，限定提供データを図利・加害目的で使用（管理に係る任務に違反して行う使用に限る）・開示する

行為，(2)15号は，①14号の不正開示行為であること，または，14号の不正開示行為が介在したことを知って取得（転得）する行為，②その取得（転得）した限定提供データの使用・開示行為，(3)16号は，限定提供データの取得後（転得後）に，不正開示行為があったこと，または，不正開示行為の介在を知って行う開示行為である。

　限定提供データに係る不正競争行為（不正競争防止法2条1項11号～16号）と，営業秘密に係る不正競争行為（不正競争防止法2条1項4号～9号）は，**図表6－2**のとおり，一定程度，対応関係があるため，両者を比較しつつ，両者の異なる点について確認をしておくことが有益である。

266 ■ 第6章 限定提供データの保護

4

限定提供データに係る
不正競争行為に対する措置

　限定提供データに係る不正競争行為に対しては，営業秘密の場合と同様に，差止め（3条），損害賠償（4条），信用回復措置（14条）等の民事上の措置が適用される。また，損害賠償については，損害額の推定規定（5条）も適用される。差止請求の消滅時効は，営業秘密と同様に取り扱われる（15条2項）。

　限定提供データについての刑事的措置は，前記[1](3)のとおり，平成30年改正では導入せず，今後の状況を踏まえて引き続き検討することとされた。

巻末付録

268　■　巻末付録

付録1　契約の形式面の調整

　以下では，契約の形式面について，項目ごとに，留意点，修正方法，チェックポイント等を述べる。

1　権利義務の主体

　まず，各条項において定められている権利義務の主体が明確か，慎重に確認すべきである。

　秘密保持契約の場合，①「開示当事者は」「受領当事者は」「各当事者は」で始まっている条項について，それらの当事者が権利義務の主体となることで間違いないか，また，②「開示当事者は」「受領当事者は」「各当事者は」で始まっていない条項について，権利義務の主体を明記しなくても意味内容につき理解の齟齬が生じないか，をそれぞれ確認すべきである。②については，ある事項について，両当事者が同様に拘束されることを合意する場合には，敢えて「各当事者は，…とするものとすることに合意する。」と規定せずに，「…とするものとする。」とのみ規定することも多い。

（省略前）
　<u>各当事者は</u>，本契約に起因または関連して生じた紛争については，東京地方裁判所を第一審の専属的合意管轄裁判所として裁判により解決するものとす<u>ることに合意する</u>。

（波線部分を省略したもの）
　本契約に起因または関連して生じた紛争については，東京地方裁判所を第一審の専属的合意管轄裁判所として裁判により解決するものとする。

2　および，ならびに，または，もしくは

　自らが契約書をドラフトする際には，契約の内容につき理解の齟齬を防ぐ観点から，以下で述べる各用語の正しい用法に従うことが望ましい。一方で，相手方当事者が作成した契約書をドラフト・コメントする際には，相手方がこの正しい用法に従っているとは限らないことも認識すべきである。各用語の読み方によって契約の内容が変わり得る場合には，相手方当事者の意図している内容を確認し，お互いが理解する内容を共通にした上で契約書を完成させることが望ましい。

　なお，法律用語については，吉田利宏『新法令用語の常識』（日本評論社，2014年），田島信威『最新法令用語の基礎知識〔三訂版〕』（ぎょうせい，2005年）が参考になると思われる。

⑴　「および」「ならびに」

　まず，2つのものを並べる場合には，「および」を用い，「ならびに」は用いない。すなわち，「AおよびB」となる。

具体例：第1条および第2条

　次に，3つのものを並べる場合には，1つめと2つめの間は読点（，）のみとし，2つめと3つめの間に「および」を用いる。すなわち，「A，BおよびC」となる。

具体例：第1条，第2条および第3条

　また，ある2つ以上の言葉をつなぎ，それからこのつないだ組み合わせと，そのほかの言葉または言葉の組み合わせとをつなぐときには，小さい方の接続

に「および」を用い，大きい方の接続に「ならびに」を用いる。なお，この接続の段階が三段階以上になる場合には，一番小さい段階の接続だけに「および」を用い，その上の段階の接続については「ならびに」を用いる例が多い。

具体例：受領当事者の役員および従業員ならびに本件取引に関して受領当事者が依頼する弁護士（（XのAおよびB）ならびにC）

具体例：甲および乙の役員ならびに丙の役員および従業員（（AおよびBのX）ならびに（CのXおよびY））⁽¹⁾

⑵ 「または」「もしくは」

まず，2つのものを選択的に並べる場合には，「または」を用い，「もしくは」は用いない。すなわち，「AまたはB」となる。

具体例：秘密情報の返還または破棄

次に，3つのものを選択的に並べる場合には，1つめと2つめの間は読点（，）のみとし，2つめと3つめの間に「または」を用いる。すなわち，「A，BまたはC」となる。

具体例：裁判，規則または命令

また，ある選択的な組み合わせと，そのほかの言葉または言葉の組み合わせとを選択的につなぐときには，小さい方の接続に「もしくは」を用い，大きい方の接続に「または」を用いる。なお，この接続の段階が三段階以上になる場合には，一番大きい段階の接続だけに「または」を用い，その下の段階の接続については「もしくは」を用いる例が多い。

⑴ この場合，AのX，BのX，CのX，CのYの4つが並列的に記載されていることとなる。

具体例：法令<u>または</u>公的機関の裁判<u>もしくは</u>命令（Aまたは（BもしくはC））

具体例：甲<u>もしくは</u>乙の書面による承諾<u>または</u>丙の書面<u>もしくは</u>口頭による承諾（（AもしくはBのX）または（CのXもしくはY））

3　定義づけ，定義語の表記

　契約書のある用語を特定の意味で用いるときに，その用語を定義づけることがある。たとえば，一方当事者を甲，他方当事者を乙と定義づける場合，秘密保持契約が対象とする特定の取引を本件取引と定義づける場合等である。

　表記の方法としては，まず，あるひとつのものを定義づける場合には，以下のような表記が用いられる。

具体例：株式会社●●（以下「甲」という）

　以下のあとに読点（，）を入れるか否か，丸括弧の中の文章に句点（。）を付すか否かの組み合わせにより，4パターンの表記があり得るが，契約書全体で統一が取れていれば，いずれの表記でも差し支えない。

　次に，2つ以上のものをあわせて定義づける場合には，以下のような表記が用いられる。

具体例：受領当事者が依頼する弁護士，公認会計士，税理士，コンサルタント，証券会社そのほかのアドバイザー（総称して以下「アドバイザー等」という）

　このような定義づけに代えて，（以下「アドバイザー等」と総称する）との表記も多いが，いずれの表記でも差し支えない。

272 ■ 巻末付録

4 表記の統一に際してのチェックポイント

　以下に掲げる内容は，いずれも統一がなされていなくても契約の効力に影響が生じるわけではない。もっとも，あまりに表記が統一されていない場合には契約書が洗練されていない印象を受けるのも事実であるため，チェックポイントを掲げておく。最初は時間がかかるが，どのようなポイントがチェックの対象となるか，本書を横に置きながらチェックするのが良い。繰り返すうちに，次第にチェックポイントを見なくても自然にチェックできるようになり，さらにはドラフト段階で最初から表記を統一できるようになるはずである。

(1) 漢字・平仮名の統一

　ある単語について，同じ契約書の中で漢字と平仮名が混じっていることがある。この場合に，漢字と平仮名のどちらにそろえるかについては，公用文の表記[2]を参考にすることもあるが，実務的に決まった慣行は特にないと思われる。

　チェックの方法としては，ワード等のワープロソフトの検索機能を用いるのが簡便である。たとえば，ある単語について平仮名を使用せず，漢字を使用する場合には，検索機能でその平仮名を検索の上，ヒットした用語を漢字に置き換えていく作業を行う。

　次の図表は，漢字・平仮名の統一に際してチェックすることの多い単語の一覧である。

---

[2]　平成23年2月14日付例規（総）第1号「公用文における漢字使用及び送り仮名の付け方の基準の制定について」。

付録1　契約の形式面の調整　■　*273*

【図表①　漢字・平仮名の統一に際してチェックすることの多い単語】

	漢字	平仮名	備考
あ	敢えて	あえて	
	当たり	あたり	
	予め	あらかじめ	
	あり得る	ありうる	
	併せて	あわせて	
い	(…と) 言う	(…と) いう	
	言い難い	いいがたい	
	如何なる	いかなる	
	如何	いかん	
	何れ	いずれ	
	位置付け	位置づけ	
	色々	いろいろ	
う	得る・得ない	うる/える・えない	
お	虞	おそれ	
	及び	および	
か	係る	かかる	「関する」の意味で用いる場合は「係る」,「このような」の意味で用いる場合は「かかる」と使い分けることもある。
	関わる	かかわる	
	拘わらず	かかわらず	
	且つ	かつ	
	鑑み	かんがみ	
こ	御	ご	
	事	こと	

	漢字	平仮名	備考
	毎に	ごとに	
さ	様々	さまざま	
	更に	さらに	
し	仕組み	しくみ	
	従って,	したがって,	
す	過ぎない	すぎない	
	既に	すでに	
	即ち	すなわち	
	全て	すべて	
た	但し	ただし	
	直ちに	ただちに	
	例えば	たとえば	
	為に	ために	
つ	〜付ける	〜つける／づける	
	繋がる	つながる	
て	出来る	できる	
と	(〜の) 通り	(〜の) とおり	
	時	とき	ただし，一定の時点を指す意味で用いる場合は「時」，「〜の場合」の意味で用いる場合は「とき」と使い分けることが多い。
	特に	とくに	
	共に	ともに	
な	尚	なお	
	無し	なし	

付録1　契約の形式面の調整　■　275

	等	など	
	並びに	ならびに	
ほ	他／外	ほか	
ま	又は	または	
	全く	まったく	
も	若しくは	もしくは	
	以て	もって	
	専ら	もっぱら	
	（を）基に	（を）もとに	
	（の）下に	（の）もとに	
わ	我が	わが	

(2)　送り仮名の統一

　どのように送り仮名を統一するかについても，公用文の表記[3] を参考にすることがあるが，実務的に決まった慣行は特にないと思われる。

　チェックの方法としては，ワード等のワープロソフトの検索機能を用いるのが簡便である。たとえば，ある単語について複数の送り仮名表記があり得る場合に，使用しない送り仮名表記を検索機能で検索し，ヒットした送り仮名表記を修正する作業を行う。

　契約書でよく使われる用語としては，次の図表の用語が挙げられる。

【図表②　送り仮名の統一に際してチェックすることの多い単語】

> 行う/行なう，買付け/買い付け，支払/支払い，但書/但し書き，建付け/
> 建て付け，手当/手当て，取扱い/取り扱い，取決め/取り決め

---

[3]　前掲注(2)参照。

276　■　巻末付録

(3)　全角・半角の統一

　ある英数字・括弧の表記について，同じ契約書の中で全角と半角が混じっていることがある[4]。

　チェックの方法としては，漢字・平仮名を統一する際と同様に，ワード等のワープロソフトの検索機能を用いるのが簡便である。たとえば，半角の括弧・数字を使用せず，全角の括弧・数字を使用する場合には，検索機能で半角の括弧・数字を検索の上，全角に置き換えていく作業を行う。

　次の図表は，全角・半角の統一に際してチェックすることの多い事項の一覧である。

【図表③　全角・半角の統一に際してチェックすることの多い事項】

> 数字，「　」，（　），中黒（・），コロン（：），スラッシュ（／），％

(4)　文字の種類と大きさ

　契約のドラフトに際しては，10.5ポイント以上の大きさで，読みやすい文字を選択するのが望ましい。

　また，秘密保持契約のドラフトに際し，過去に使用したもの等を参照してコピー＆ペーストした場合には，書式も合わせてコピーされてしまい，異なる種類・大きさの文字が混入したり，行間が不揃いになったりして読みにくくなることがあるので，注意が必要である。

(5)　句点の有無

　まず，各条項の末尾から句点（。）が漏れていないか，確認する。

　また，列挙事由の末尾の句点の有無について統一的な取扱いがなされているか，確認する。

---

(4)　ただし，英数字が1桁の場合には全角表記，2桁以上の場合には半角表記とする例もある。

付録1　契約の形式面の調整　▮　277

　さらに，括弧の中の文章の句点の有無について統一的な取扱いがなされているか，確認する[5]。チェックの方法としては，ワード等のワープロソフトの検索機能を用いて閉じ括弧を検索し，閉じ括弧の前の句点の有無を確認するのが簡便である[6]。

---

[5]　ただし，括弧の中が文ではなく名詞句である場合には句点を付さず，文である場合には句点を付すという方式で統一することもある。

[6]　括弧の中は句点を付さないことで統一し，ワード等のワープロソフトの検索機能を用いて句点＋閉じ括弧の組み合わせを検索し，ヒットした句点を削除していくという方法もある。

278 ■ 巻末付録

付録2 秘密保持契約書サンプル(和文)

以下の契約書は，国内の当事者同士が国内の業務提携の可能性を検討する段階において締結することを想定したものである。第2章において解説したように，取り扱う情報の内容・重要性に応じて各当事者の義務の内容・程度が異なり得るほか，国外の当事者が参加する場合や国外の取引が想定される場合には別途準拠法等追記が必要な条項が存在することに留意されたい。

<u>秘密保持契約書</u>

株式会社●（以下「甲」という）および株式会社●（以下「乙」という）は，甲乙間の●●分野における業務提携（以下「本取引」という）の可能性を検討することを目的（以下「本目的」という）として，互いに開示する情報の秘密保持に関して，以下のとおり秘密保持契約（以下「本契約」という）を締結する。

第1条 （秘密情報）

　本契約において，「秘密情報」とは，一方当事者（以下「開示当事者」という）が他方当事者（以下「受領当事者」という）に対して，本目的のために，文書，口頭，電磁的記録媒体その他開示の方法および媒体を問わず，また，本契約締結の前後を問わず，開示した一切の情報，本契約の存在および内容，ならびに，本取引に関する協議・交渉の存在およびその内容をいう。ただし，以下のいずれかに該当する情報は，秘密情報には含まれないものとする。

① 開示された時点において，受領当事者がすでに了知していた情報

② 開示された時点において，すでに公知であった情報

③ 開示された後に受領当事者の責に帰すべき事由によらずに公知となった情報

④ 開示当事者に対して秘密保持義務を負わない正当な権限を有する第三者から，受領当事者が秘密保持義務を負うことなく適法に取得した情報

第2条　（秘密保持）

1．受領当事者は，秘密情報について厳に秘密を保持するものとし，開示当事者の事前の書面による承諾なしに第三者に対して開示または漏えいしてはならないものとする。ただし，受領当事者は，本目的のために必要な範囲のみにおいて，受領当事者の役員および従業員，ならびに，本取引に関して受領当事者が依頼する弁護士，公認会計士，税理士その他のアドバイザーに対して，秘密情報を開示することができるものとする。

2．受領当事者は，前項の規定に基づき秘密情報の開示を受ける第三者が法律上守秘義務を負う者でないときは，本契約に定める秘密保持義務と同等の秘密保持義務を当該第三者に課して，その義務を遵守させるものとし，かつ，当該第三者においてその義務の違反があった場合には，受領当事者による義務の違反として，開示当事者に対して直接責任を負うものとする。

3．第1項の規定にかかわらず，受領当事者は，法令または裁判所，監督官庁，金融商品取引所その他受領当事者を規制する権限を有する公的機関の裁判，規則もしくは命令に従い必要な範囲において秘密情報を公表し，または開示することができる。ただし，受領当事者は，かかる公表または開示を行った場合には，その旨を遅滞なく開示当事者に対して通知するものとする。

第3条 （目的外使用の禁止）

受領当事者は，開示当事者から開示された秘密情報を，本目的以外のために使用してはならないものとする。

第4条 （複製）

受領当事者は，本目的のために必要な範囲において秘密情報を複製（文書，電磁的記録媒体，光学記録媒体およびフィルムその他一切の記憶媒体への記録を含む）することができるものとする。なお，上記複製により生じた情報も，秘密情報に含まれるものとする。

第5条 （破棄または返還）

1. 受領当事者は，本契約の有効期間中であるか，本契約終了後であるかを問わず，開示当事者からの書面による請求があった場合には，自らの選択および費用負担により，受領当事者または受領当事者より開示を受けた第三者が保持する秘密情報を速やかに返還または破棄するものとする。
2. 受領当事者は，開示当事者が要請した場合には，速やかに前項に基づく受領当事者の義務が履行されたことを証明する書面を開示当事者に対して提出するものとする。

第6条 （損害賠償）

本契約に違反した当事者は，当該違反に起因または関連して相手方が被った損害（合理的な弁護士費用を含む）を賠償するものとする。

付録2　秘密保持契約書サンプル（和文）　■　*281*

第7条　（差止め）

　契約当事者は，相手方が，本契約に違反し，または違反するおそれがある場合には，その差止め，またはその差止めに係る仮の地位を定める仮処分を申し立てることができるものとする。

第8条　（有効期間）

　本契約の有効期間は，本契約の締結の日より3年間とする。ただし，第5条，第6条，第7条，第9条および第10条の規定は，本契約終了後も有効に存続するものとする。

第9条　（誠実協議）

　本契約に定めのない事項および本契約の解釈に関して疑義が生じた事項については，当事者は誠実に協議の上，信義誠実の原則に従って解決するものとする。

第10条　（紛争処理）

　本契約に起因または関連して生じた紛争については，当事者が誠実に協議することによりその解決に当たるものとするが，かかる協議が調わない場合には，東京地方裁判所を第一審の専属的合意管轄裁判所として裁判により解決するものとする。

以上を証するため，本契約書2通を作成し，各当事者が記名捺印の上，各1通を保有する。

令和●年●月●日

甲：

乙：

283

付録3　秘密保持契約書サンプル(英文)

以下の契約書は，付録2の訳文であり，必ずしも各国の準拠法・実務を踏まえたものではないことに留意されたい。

Confidentiality Agreement

This confidentiality agreement (this "Agreement") is entered into as of __ __ by and between ABC, Inc.("ABC") and XYZ, Inc.("XYZ") regarding the confidentiality of the information disclosed to each other for the purpose of considering the possibility of an alliance (the "Transaction") between ABC and XYZ in the area of XX (the "Purpose").

Article 1　　(Confidential Information)

For the purpose of this Agreement, "Confidential Information" means all information disclosed by one party ("Disclosing Party") to the other party ("Receiving Party") for the Purpose in any manner or media, whether in writing, orally or in electromagnetic form, the existence and content of this Agreement, and the existence and content of the discussion and negotiation of this Transaction. However, the following information shall not constitute Confidential Information:

(i)　any information that is already known to Receiving Party as of the date of disclosure by Disclosing Party;

(ii)　any information that is already in the public domain as of the date of disclosure by Disclosing Party;

(iii) any information that has entered the public domain through no fault of Receiving Party after disclosure by Disclosing Party; and

(iv) any information that is legally obtained by Receiving Party without being bound by any obligation of confidentiality from a third party who has a lawful right and is not bound by any obligation of confidentiality to Disclosing Party.

Article 2   (Obligations of Receiving Party)

1. Receiving Party shall maintain in confidence Confidential Information and shall not disclose or divulge Confidential Information to a third party without the prior written consent of Disclosing Party, provided that Receiving Party may disclose Confidential Information to its officers and employees and attorneys, certified public accountants, licensed tax accountants and other professionals whom Receiving Party retains in connection with this Transaction to the extent necessary for the Purpose.

2. In the event that a third party to whom Confidential Information is disclosed in accordance with the preceding paragraph is not subject to confidentiality obligations by applicable law, Receiving Party shall impose on such third party confidentiality obligations equal to those set forth in this Agreement and ensure full compliance of the same by such third party. If any person to whom Confidential Information is disclosed breaches his or her confidentiality obligations, Receiving Party shall be directly liable to Disclosing Party as a breach of Receiving Party's obligations.

3. Receiving Party may issue a release of or disclose Confidential Information to the extent necessary to comply with any law or decision,

regulation or order of a court, supervisory authority, financial instruments exchange or any other public institution authorized to regulate Receiving Party, provided that Receiving Party shall notify Disclosing Party without delay in the event that it issues a release of or discloses Confidential Information.

Article 3   (Restriction on Use)

Receiving Party shall not use Confidential Information disclosed by Disclosing Party except for the Purpose.

Article 4   (Copy)

Receiving Party may make copies (including copies in written form, electromagnetic recording media, optical recording media and other storage media) of Confidential Information to the extent necessary for the Purpose. Information arising from making the copies above shall constitute Confidential Information.

Article 5   (Destruction or Return)

1. At Disclosing Party's written request, Receiving Party shall, regardless of whether this Agreement is effective or has already been terminated, immediately return or dispose of, at its own choice and cost, Confidential Information held by Receiving Party or any third party to whom Receiving Party disclosed Confidential Information.
2. At Disclosing Party's request, Receiving Party shall immediately issue to Disclosing Party a document certifying the performance of Receiving

Party's obligation under the preceding paragraph.

Article 6   (Damages)

Any party who breaches this Agreement shall compensate the other party for any damages, including reasonable attorney fees, incurred by the other party arising out of or in relation to the breach of this Agreement.

Article 7   (Injunction)

In the event that a party breaches or is liable to breach this Agreement, either party may file a suit or a petition for provisional disposition to determine a provisional status in order to enjoin the breach.

Article 8   (Term)

This Agreement shall be effective for 3 years after the execution hereof, provided that Article 5, 6, 7, 9 and 10 shall survive the expiration of this Agreement.

Article 9   (Good Faith Consultation)

Any matter not stipulated in, or any question relating to the interpretation of this Agreement shall be settled on the basis of the principle of good faith by mutual consultation between the parties in good faith.

付録3　秘密保持契約書サンプル（英文）　■　*287*

Article 10　　(Jurisdiction)

All disputes that may arise out of or in relation to this Agreement shall be resolved by mutual consultation between the parties in good faith. However, in the event that a dispute cannot be resolved through mutual consultation, such dispute shall be filed to the Tokyo District Court as the court of first instance with exclusive jurisdiction.

IN WITNESS WHEREOF, both parties have executed this Agreement in duplicate as of the date set forth above and have each retained one copy.

ABC: ABC, Inc.
By: [Signer's name]
Title:

XYZ: XYZ, Inc.
By: [Signer's name]
Title:

≪編著者略歴≫

森本　大介（もりもと　だいすけ）

弁護士（西村あさひ法律事務所パートナー）・ニューヨーク州弁護士

2000年東京大学法学部卒業，2001年司法修習修了（54期），2005年九州大学ビジネススクール客員助教授，2007年ノースウエスタン大学ロースクール卒業（LL.M.），2007～2008年カークランド・アンド・エリス法律事務所（シカゴ・ロサンゼルス）勤務

【主な著書・論文】

『危機管理法大全』（共著，商事法務，2016年），『M＆A法大全（上）（下）〔全訂版〕』（共著，商事法務，2019年），『資本・業務提携の実務〔第2版〕』（共編著，中央経済社，2016年），『平成26年会社法改正と実務対応』（共著，商事法務，2014年），『会社法改正要綱の論点と実務対応』（共編著，商事法務，2013年），「グループ管理規程見直しのポイント―会社法改正を見据えて―」ビジネス法務2013年2月号（共著），『実例解説　企業不祥事対応―これだけは知っておきたい法律実務』（共著，経団連出版，2012年），『会社法制見直しの視点』（共著，商事法務，2012年），『会社法制見直しの論点』（共著，商事法務，2011年）ほか多数

石川　智也（いしかわ　のりや）

弁護士（西村あさひ法律事務所パートナー）・ニューヨーク州弁護士・Certified Information Privacy Professional/Europe（CIPP/E）

2005年東京大学法学部卒業，2006年司法修習修了（59期），2015年バージニア大学ロースクール卒業（LL.M.），2016年ミュンヘン知的財産法センター卒業（LL.M.），2016年Noerr法律事務所ミュンヘンオフィス出向

【主な著書・論文】

「限定提供データの創設を踏まえたデータ管理の実務対応(1)～(3)」Business Law Journal 2019年6月20日号，7月20日号，8月20日号（共著），『M＆A法大全（上）（下）〔全訂版〕』（共著，商事法務，2019年），『M＆A・企業組織再編のスキームと税務〔第4版〕』（共著，大蔵財務協会，2019年），『個人情報保護法制と実務対応』（共編著，商事法務，2017年），『資本・業務提携の実務〔第2版〕』（共編著，中央経済社，2016年），「株式対価型組織再編における株式買取請求権」『実務に効くM＆A・組織再編判例精選』（共著，有斐閣，2013年），『会社法実務解説』（共著，有斐閣，2011年），『M＆A法務の最先端』（共著，商事法務，2010年）ほか多数

濱野　敏彦（はまの　としひこ）

弁理士・弁護士（西村あさひ法律事務所）

2002年東京大学工学部卒業，同年弁理士試験合格，2004年東京大学大学院新領域創成科学研究科修了，2007年早稲田大学法科大学院法務研究科修了，2008年司法修習修了（61期），2009年弁理士登録，2011～2013年新日鐵住金株式会社知的財産部知的財産法務室出向

【主な著書・論文】

「限定提供データの創設を踏まえたデータ管理の実務対応(1)～(3)」Business Law Journal 2019年6月20日号，7月20日号，8月20日号（共著），「AIの知財戦略と知財保護における課題」パテント2019年7月号（共著），「秘密保持契約等による情報財の保護」NBL2018年3月1日号，『知的財産法概説〔第5版〕』（共著，弘文堂，2013年），『クラウド時代の法律実務』（共著，商事法務，2011年），『解説改正著作権法』（共著，弘文堂，2010年），「【連載】クラウドコンピューティングが変える法律実務1～4」NBL2009年12月1日号，15日号，2010年1月15日号，2月1日号ほか多数

秘密保持契約の実務（第2版）

―作成・交渉から営業秘密／限定提供データの最新論点まで

2016年 3 月30日　第 1 版第 1 刷発行	
2018年 9 月20日　第 1 版第12刷発行	
2019年10月 1 日　第 2 版第 1 刷発行	
2025年 5 月15日　第 2 版第13刷発行	

編著者　森　　本　　大　　介
　　　　石　　川　　智　　也
　　　　濱　　野　　敏　　彦

発行者　山　　本　　　　　継

発行所　㈱中　央　経　済　社

発売元　㈱中央経済グループ
　　　　パ ブ リ ッ シ ン グ

〒101-0051　東京都千代田区神田神保町 1 - 35
電話　03 (3293) 3371(編集代表)
　　　03 (3293) 3381(営業代表)
https://www.chuokeizai.co.jp
印刷・製本／文唱堂印刷㈱

© 2019
Printed in Japan

＊頁の「欠落」や「順序違い」などがありましたらお取り替えいた
しますので発売元までご送付ください。（送料小社負担）
ISBN978-4-502-31591-6　C3032

JCOPY〈出版者著作権管理機構委託出版物〉本書を無断で複写複製（コピー）することは，
著作権法上の例外を除き，禁じられています。本書をコピーされる場合は事前に出版者著
作権管理機構（JCOPY）の許諾を受けてください。
　JCOPY〈https://www.jcopy.or.jp　e メール：info@jcopy.or.jp〉